MEDIADORES DE LEITURA

espécie em ascensão

SONIA
FERNANDEZ

MEDIADORES DE LEITURA

espécie em ascensão

EDITORA
Labrador

Copyright © 2023 de Sonia Fernandez
Todos os direitos desta edição reservados à Editora Labrador.

Coordenação editorial
Pamela Oliveira

Revisão
Luiz Pereira

Assistência editorial
Leticia Oliveira

Imagem da capa
Roseli Mara Gonçalves

Projeto gráfico, diagramação e capa
Amanda Chagas

Dados Internacionais de Catalogação na Publicação (CIP)
Jéssica de Oliveira Molinari — CRB-8/9852

Fernandez, Sonia
  Mediadores de leitura : espécie em ascensão / Sonia Fernandez. — São Paulo : Labrador, 2023.
  160 p.

ISBN 978-65-5625-342-8

1. Incentivo à leitura 2. Livros e leitura I. Título

23-2323   CDD 028.9

Índice para catálogo sistemático:
1. Incentivo à leitura

Editora Labrador
Diretor editorial: Daniel Pinsky
Rua Dr. José Elias, 520 — Alto da Lapa
05083-030 — São Paulo — SP
+55 (11) 3641-7446
contato@editoralabrador.com.br
www.editoralabrador.com.br
facebook.com/editoralabrador
instagram.com/editoralabrador

A reprodução de qualquer parte desta obra é ilegal e configura uma apropriação indevida dos direitos intelectuais e patrimoniais da autora. A editora não é responsável pelo conteúdo deste livro. A autora conhece os fatos narrados, pelos quais é responsável, assim como se responsabiliza pelos juízos emitidos.

"Onde meus talentos e paixões encontram
as necessidades do mundo,
lá está meu caminho, meu lugar."

Aristóteles

SUMÁRIO

Prefácio —————————————————— 9

Apresentação ———————————————— 13

Introdução ————————————————— 23

De Alhambra a Cunha ———————————— 33

Ensaio sem nota de rodapé ——————————— 44

Mediação em tempos de cólera ————————— 54

Do *best-seller* da hora aos clássicos de sempre — 72

Provocações relevantes ou pode pular ——————— 104

Conversa do mediador consigo mesmo —————— 115

Sobre cães e homens ————————————— 131

Sobre Estética da Recepção: por que não? ———— 145

PREFÁCIO

CONSTRUIR LEITORES: SOBRE MEDIAÇÃO E AUTONOMIA

Carolina Zuppo Abed

Mediar é se colocar intencionalmente entre o objeto do conhecimento e aqueles que querem aprendê-lo, de modo a facilitar a aproximação entre os sujeitos e os saberes. O papel do mediador é bastante específico e envolve um equilíbrio delicado entre a tutela e a autonomia: é preciso amparar o outro, oferecer suporte (lógico, técnico e emocional) a ele, ao mesmo tempo ajudando-o a construir as estruturas necessárias para trilhar por conta própria o caminho do conhecimento.

Em relação à leitura e à escrita, a mediação tem ainda algumas particularidades: por serem atividades diretamente ligadas à autoria de pensamento, a atenção ao equilíbrio entre tutela e autonomia é redobrada. A literatura, por exemplo, tem como características fundamentais a ampliação de possibilidades de leitura e o diálogo com a subjetividade leitora. Como, então, mediar o contato de diversos leitores — cada um com sua individualidade — com textos literários, sem privá-los da vivência humanizadora que vem justamente da interação entre o texto e os pensamentos de cada um?

Ao mesmo tempo, não se pode esquecer que a linguagem literária opera com ferramentas próprias e que a experiência de leitura é potencializada (e, muitas vezes, até mesmo determinada) pelo domínio dessas ferramentas, que não são desenvolvidas apenas de maneira intuitiva: precisam ser aprendidas e sistematizadas. Esse é o ponto em que a mediação pode — e deve — atuar: no oferecimento de modelos interpretativos que tanto ajudem a iluminar aspectos da criação do texto lido como também formem um repertório de ferramentas e práticas de leitura significativa, que transcendam o texto em si; um repertório ao qual os leitores possam recorrer em diferentes situações futuras, ao se depararem com muitos e diferentes textos.

Esse balanço pode parecer óbvio, mas nem sempre o é. Dado o caminho evolutivo das concepções educacionais ocidentais, nem todos compreendem a necessidade de equilíbrio entre mediação e autonomia: algumas pessoas anseiam ter todas as respostas oferecidas e todas as decisões tomadas pelo tutor, enquanto outras desejam exercer aquilo que consideram como liberdade total da sua expressividade individual. Com aqueles que têm medo da própria autonomia de pensamento, é preciso construir segurança e autoconfiança para que pensem por si mesmos. Aos que receiam que qualquer comentário externo fira a sua individualidade, é preciso demonstrar que a liberdade de expressão é tão maior quanto mais recursos expressivos tivermos, e que a subjetividade não é fixa: é maleável e construída nas trocas com os outros.

Um bom mediador de leitura precisa saber a justa medida de suas intervenções para não deixar os participantes à mercê das próprias especulações, mas também não impor uma interpretação única e exterior a eles. Precisa estar bem-informado sobre as questões do presente e sobre as questões do passado, relacionando-as em uma linha do tempo de dinâmica complexa e interdependente. Precisa saber avaliar as demandas que surgem no calor do momento, sem perder de vista o(s) ponto(s) de chegada do encontro ao redor do texto. Sem incorrer no equívoco conceitual que associa direcionamento didático a falta de liberdade interpretativa; suporte teórico a diminuição da potência subjetiva; perspectiva histórica a saudosismo.

Mediar a leitura é, como se vê, uma tarefa difícil e extremamente especializada. Não basta ter boa vontade e amor pelos livros: aqueles que tomam para si a responsabilidade de atuar como mediadores de leitura precisam aprofundar seus estudos tanto na crítica literária quanto na didática, para articular os conhecimentos específicos referentes à criação literária e desenvolver estratégias de mediação eficazes no seu contexto de atuação. Trata-se de um saber de ordem prática, que precisa ser flexível para se adequar a diferentes espaços, momentos e grupos, sem deixar de se ancorar em uma estrutura teórica sólida que possa servir de base para orientar as decisões do mediador.

Há que se ter, portanto, domínio da teoria e expertise prática — e, além disso, fazer com que essas duas dimensões convirjam de maneira harmônica. Por ser um saber construído no fazer, o tempo de dedicação e atuação é essencial. Por isso, tomar contato com relatos de experiência de mediação bem-sucedidos é uma forma rica e eficaz de melhorar a própria prática. O livro *Mediadores de escrita: uma espécie em ascensão*, de Sonia Fernandez, oferece exatamente isso: situações concretas de mediação de leitura, sustentadas por um denso referencial teórico e permeadas por reflexões pessoais.

Nele, são abordados diversos aspectos relevantes tanto para aqueles que desejam iniciar na mediação quanto para quem já atua como mediador, sempre com foco em textos literários. Seja em clubes de leitura ou aulas de literatura e língua portuguesa, as experiências relatadas provocam reflexões profundas e fornecem um modelo possível de condução de grupos de leitura. A vasta experiência da autora como mediadora, associada à sua densa trajetória acadêmica como pesquisadora e crítica literária, estabelece as condições ideais para fazer de seus ensaios uma fonte privilegiada de aprendizado.

APRESENTAÇÃO

Leitura no Brasil: crise ou projeto? Parodiando Darcy Ribeiro, no Brasil de hoje e de faz tempo já, tanto do ponto de vista teórico quanto do ponto de vista prático, a crise na leitura é uma fratura exposta. Mesmo com a ascensão da figura do leitor, as coisas caminham bem ao gosto brasileiro: com muito lugar de fala e sem reflexão.

Vivo várias e diferenciadas situações de mediação de leitura. Esse é meu ofício, meu prazer e meu desafio constante. Porém, só o estudo aprofundado do texto literário me permitiu compreender o entrave das primeiras e às vezes definitivas impressões de leitura, nas quais alguns leitores gostam de permanecer. Para enfrentar essa comum acomodação, porque é preciso olhar, simultaneamente, para o conforto do leitor ingênuo e para as demandas daqueles que têm fome de avançar, foi fundamental encontrar uma teoria que permitisse tanto tratar os textos literários em sua materialidade como aceitar o leitor em seus diferentes níveis de experiência de leitura. Assim, para transitar nas mais variadas situações de leitura, encontrei os subsídios necessários na teoria denominada Estética da Recepção, cuja potencialidade ainda permite atender aos vários desafios que a prática de leitura coloca para a formação de leitores e mediadores. Digo "ainda" porque somos um povo afeito a modas. Elas passam e permanecemos sempre na superfície, de modo geral, mais precisamente, no âmbito escolar, o que é dramático.

Não é demais recordar que, até os anos 1970, havia um total descompasso entre os estudos sobre a obra e o autor (os estudos de gênese) e os estudos sobre a recepção. A psicologia já vinha de longe oferecendo conhecimento sobre subjetividade e processos de compreensão sem que os estudos literários os incorporassem tanto do ponto de vista da pedagogia da leitura quanto da interpretação de textos. Assim, quando os textos da Estética da Recepção (traduzidos do alemão por Luiz Costa Lima e publicados em 1979) colocaram os estudos sobre o leitor no mesmo patamar (em termos teóricos) dos estudos sobre a gênese, acreditou-se que estaríamos diante de uma possibilidade de avanço sem precedentes quanto ao método de compreensão de textos. Aqueles textos objetivavam demonstrar que a leitura demanda do leitor e, portanto, era necessário dar-lhe voz. No entanto, o que aconteceu foi um deslocamento da ênfase na formação de leitores e mediadores, sempre necessária, para a aquisição de obras despejadas pela indústria do livro, com vistas a atender a expectativas de outras áreas como meio ambiente, tolerância, racismo e tantos outros temas necessários, sem dúvida, mas que postergavam uma vez mais ações com vistas ao texto literário. O que trouxe consequências desastrosas para o desempenho da leitura entre os nossos estudantes, pois não se pode esquecer que há uma gama variadíssima de níveis de competência que quase nunca são atendidas em suas particularidades, porquanto o atendimento aos que precisam alfabetizar-se se sobrepõe invariavelmente aos que precisam alcançar melhor desempenho em leitura. Ficamos no meio do caminho, pois as políticas públicas e a atenção dos gestores estão voltadas sobretudo para a compra de materiais, nem sempre bem utilizados, porque a falha segue na base: a formação dos professores. Crise ou projeto?

Este fenômeno (que é antigo) vem se intensificando, pois, ao preferir a oferta de produtos da "cultura de massa" em detrimento da promoção da fluência, fruição e autonomia na prática de leitura, deixa-se de levar em conta que um *corpus* mais elaborado ou mesmo mais diversificado exige dos mediadores e dos leitores melhor formação. Literatura não é só entretenimento, é conhecimento. Fenômeno típico dos anos 1970, face ao *boom* da literatura infantojuvenil, se impôs de tal modo que o diálogo do escritor com esse público passou a ser direto, relegando o professor a mero assistente das explicações do livro, quando não parceiro de auditório, pois, também ele envia sem nenhum pejo perguntas ao escritor quanto ao sentido de uma passagem ou outra do livro. O resultado é o conhecido sofrível desempenho em leitura desse público na escola e na vida.

Paralelamente, em termos teóricos, nos anos 1970 ganhava força a noção de tríade: escritor, obra e público, bem conhecida por conta do ensaio de Antonio Candido, *A literatura e a formação do homem* (1972). Essa noção, relacionada com a História da Literatura, teve consequências importantes para o ensino, estando presente em vários contextos escolares, no entanto, até hoje pouco assimilada nos espaços leigos. Esse conceito, se incorporado pelos professores nas práticas de leitura, teria contribuído para uma atitude mais engajada dos leitores em relação ao conhecimento que os textos literários aportam, desde os de literatura infantil e juvenil aos grandes textos da história literária universal. Teria contribuído também para um olhar mais atento para a arte e para a história, com ganhos substantivos devido às atividades de processamento do texto em sala de aula.

Além disso, o vocabulário dos teóricos Hans Robert Jauss e Wolfgang Iser (in: *A literatura e o leitor*, 1979), particularmente, veio se juntar ao de Antonio Candido, confirmando um novo modo de conceber o texto literário, quer pela presença reiterada das palavras "recepção" e "efeito", quer pela referência à função social da literatura. Jauss, por exemplo, afirmava que "a função social da literatura só manifesta suas autênticas possibilidades quando a experiência literária do leitor entra no horizonte de expectativas de sua vida prática, molda sua interpretação do mundo e, desse modo, repercute em seu comportamento social" (*A história da literatura como provocação à teoria literária*, 1994); enquanto Candido afirmava "a função humanizadora da literatura" e a capacidade que ela tem de "confirmar a humanidade do homem" (*A literatura e a formação do homem*, 1972). Cada uma dessas premissas foi sendo incorporada ao repertório relacionado à mediação de leitura, de um modo geral, e contribuiu também para gerar ações de mediação mais centradas no texto, com o propósito de atingir objetivos relacionados especificamente à literatura como objeto artístico.

No entanto, as teorias nem sempre alcançam seus alvos, ou, quando alcançam, por vezes, podem produzir resultados diferentes do esperado. É nessa condição, pois, que a Estética da Recepção, com enorme potencial, não se consolidou como suporte para auxiliar no enfrentamento do processamento dos textos em um país de poucos leitores, quando não de leitores predominantemente ingênuos. A voz de Candido, por sua vez, segue ressoando enquanto lembrarmos de seus pensamentos, de suas intervenções em prol da formação de leitores competentes. E são muitos, porém insuficientes.

Leitor ingênuo é, nessa perspectiva, uma categoria e não um insulto, pois o leitor ingênuo distingue-se do leitor informado pela dimensão (qualidade e extensão) do seu preparo para interpretar o texto e pelo nível de repercussão dos conhecimentos do texto literário sobre o seu comportamento social. Ser um leitor ingênuo faz parte, portanto, de uma etapa no desenvolvimento da atribuição de sentido ao texto literário. Todos fomos leitores ingênuos em algum momento, mas permanecer ingênuo, quando há condições educativas objetivas para ir além, é uma decisão, um desejo de continuidade, de preservar o ego e não acionar o conhecimento. Fico pensando se isso tem a ver com a estrutura agrária e a mentalidade conservadora que, contraditoriamente, gerou o Modernismo e que mesmo na metrópole fincou raízes quase imovíveis... Há, entretanto, inúmeros argumentos de ordem predominantemente subjetiva para que muita gente não supere essa fase. Felizmente, há os que podem avançar. E, hoje em dia, as atividades de mediação vêm se ampliando, porque exercidas em espaços que não apenas o da escola, e os mediadores, nem sempre professores, valem-se de estratégias distintas daquelas utilizadas pelo professor de literatura, ou de português. Trata-se de outra perspectiva de leitura mais lúdica, no caso das crianças e adolescentes, e mais acolhedora das subjetividades, no caso dos mais velhos. O curioso é que, da perspectiva historiográfica que dominou o ensino de literatura nas escolas, a ênfase na vida do escritor é a que segue tendo mais repercussão nos espaços informais de leitura de texto literário. Assim como, quando as impressões de leitura passaram a fazer parte das estratégias de leitura, nesses espaços, elas se transformaram praticamente no único *input* pré-processamento do texto, estendendo-se às divagações habituais, sem nenhuma atenção para a atribuição de sentido ao texto de um ponto de vista mais informado. E este é o ponto central deste livro.

É importante destacar que além da hermenêutica, totalmente esquecida e desprestigiada, durante boa parte do século XX, tanto nos espaços acadêmicos como na prática de leitura formal e informal, a gramática da língua também foi perdendo espaço nas atividades de compreensão de leitura. Paralelamente, a gramática do texto, embora alardeada, nunca alcançou um lugar condizente para compensar aquela perda. Pode ser que hoje se leia mais, talvez até se leia melhor, porque sempre se avança. Além disso, a Teoria Literária e áreas afins como a velha História, a nova Sociologia, a Psicologia e a História da Arte, de um modo ou outro, acabam influenciando as atividades de compreensão de texto. Por isso, instamos para que o mediador tenha uma boa formação para poder levar a cabo a sua atividade, privilegiando o processamento do texto e valendo-se de toda sua cultura para que a leitura, além de ser significativa para os leitores, possa dar-lhes instrumentos para sua autonomia no ato de ler.

Nessa perspectiva, se o mediador incorporar, como princípio da sua atuação, a função social da literatura postulada por Jauss e por Candido, fará perguntas à estética da obra mais do que à realidade, o que é desejável e, como consequência dessa postura, logrará um patamar de leitura mais sofisticado, porquanto não permaneça nas projeções do leitor e suas comparações com seu próprio mundo. Essas primeiras impressões servem para a largada em direção ao conhecimento do texto dentro de uma perspectiva construtiva, na qual o ponto de chegada poderá ser a interpretação do texto como embrião da interpretação de mundo do escritor que gerou a obra.

Observações e registros das recepções vêm demonstrando que as projeções das idiossincrasias dos leitores são inevitáveis diante do texto literário. Não se sabe porque tanto bloqueio para enfrentar a materialidade do texto como algo que é distinto de si; o que podemos dizer é que é difícil perceber a assimetria entre texto e leitor. Essa assimetria constitui um ponto nevrálgico da mediação, pois o leitor ingênuo gosta de ter, acolher e até acalentar uma certa colagem com o que lê, o que limita a sua compreensão e diminui a potência do texto, a uma só vez. Deste modo, enquanto o leitor considerar que o cachorrinho do conto X tem tudo a ver com o seu cachorrinho e que isso é que é bom, ou seja, encontrar nos textos algo conhecido, algo que pode ser considerado uma extensão dele mesmo, não sairemos da identificação entre texto e leitor, situação contrária à noção de literatura como construção (escritor e leitor pertencem invariavelmente a mundos distantes e diferentes, contraditórios, inclusive; o que não impede se entenderem através do texto, mediados pela língua, que é necessariamente de domínio dos dois).

A subjetividade do leitor é, sim, imprescindível para a compreensão da obra literária na sua especificidade, assim como o distanciamento é mandatário, nos processos de conhecimento de qualquer objeto artístico. De modo que, se o entendimento de um liquidificador demanda conhecimento do material de que é feito e da função que deve exercer no contexto humano, por que com a obra literária seria diferente? Embora seja óbvio que texto e leitor sejam categorias diferentes (sujeito e objeto; animado e inanimado), verifica-se certa alegria em atribuir semelhança entre um e outro por parte do leitor ingênuo, ou o contrário, a rejeição, que se estende da obra para o autor em certos casos, fato que se mantém ao longo dos anos, mais do que seria sensato observar.

Assim, para dar um passo em direção a uma relação mais consequente com o objeto literário, sem deixar de acolher a identificação do leitor (penso em quanto pode haver de coincidência entre mim e Guimarães Rosa e o quanto aprecio esse autor, sem que isso me autorize a tomar o seu texto com leviandade) é preciso compreender o caráter abstrato da obra literária, por um lado, e o de agente do processo histórico e social, por outro. Essa dupla função é o que permite à obra às vezes escamotear a realidade representada, outras vezes, revelar ou desvelar. Contudo, justamente por não ter nada a ver comigo ou com meu mundo, tenho mais demandas face à obra de Guimarães do que face a um texto que trata de questões muito próximas ou relativas ao meu mundo. Por isso, a necessidade de chamar a atenção para as bases objetivas do texto (procedimentos) e para a estrutura da obra. A recepção das obras é, historicamente, variável; entretanto, apenas a ênfase na materialidade do texto possibilita que a experiência literária do leitor entre em outro patamar, possibilitando-lhe vislumbrar paradigmas além dos seus, pois as obras inevitavelmente constroem ou projetam a partir do sistema linguístico universos novos a serem explorados. A Estética da Recepção representa, deste modo, um ponto de referência para os enfrentamentos com os textos e com os leitores ante o processo de leitura e serviu como posto de observação a partir do qual escrevi este conjunto de ensaios.

INTRODUÇÃO

Os mediadores de leitura vêm despontando em número jamais visto na cena cultural brasileira, como resposta à restrição quanto às formas de lazer presencial trazida pela pandemia da covid-19. A reclusão fez emergir o gosto pela leitura que andava represado, imagino, por falta de tempo, de tranquilidade e por causa da concorrência com atividades mais explícitas como teatro, cinema e exposições. No bojo desses acontecimentos, emergiu também o desejo de *ler com*, isto é, de ler de forma oposta à introspecção máxima do leitor solitário. Esses interessados leitores encontraram nos desejosos mediadores de leitura oportunidades para abrirem portas e janelas a fim de não permitir que nem a solidão nem a ignorância dominassem ainda mais esses tempos. Lançaram-se ambos rapidamente às plataformas da internet, formando um diversificado público, cujo interesse vai da curiosidade, passando pela atenção à saúde psíquica, pela reação ao idadismo/etarismo/ageísmo (termos relacionados à discriminação e preconceito baseado na idade), pelo lazer, à prática de leitura do texto literário com fins de terapia, de conversa, de apreciação e, em menor proporção, para conhecer o objeto artístico constituído de literariedade.

É nesse ambiente de efervescência *leitoral* que me dirijo ao mediador de leitura, mais especificamente ao que se dedica à literatura, para contar das práticas e das reflexões que me ocuparam durante anos de vida acadêmica e me ocupam, agora, com finalidades menos óbvias. Quem sabe, contribuir para suas mediações, pois estas são sempre desafiadoras uma vez que o leitor ficará cada vez mais exigente quanto mais ler e escrever dentro dos espaços que vêm se abrindo e se diversificando a cada dia.

O lugar de onde me comunico com esses voluntários ou profissionais que se dispõem a *ler com* é o de professora de Teoria Literária aplicada à Literatura Brasileira e Portuguesa e de Literatura Espanhola e Hispano-americana. A leitura é, nesse sentido, meu posto de observação, tanto no que se refere à pesquisa como no que se refere ao ensino. Ler e entender os processos de atribuição de sentido ao texto literário, reconhecendo o triângulo no qual se movem escritor-obra-público, constituem ações privilegiadas para o aprimoramento da prática de leitura e do aperfeiçoamento da mediação, no meu entender.

Dentro dessa perspectiva, a recepção é entendida como o momento em que escritor e público entram em relação a partir de um objeto concreto que é a obra. O ato da leitura leva em conta, portanto, as instâncias de criação (ou de gênese) e de recepção, e nele devem ser considerados os fenômenos que ocorrem durante esse encontro. Os oito ensaios que constituem o livro tomam, assim, da Estética da Recepção, teoria baseada na Fenomenologia de Husserl, a ideia de que o leitor é um produtor de sentido e, portanto, uma instância com um novo *status,* para a qual voltamos nossa atenção. É claro que o leitor sempre foi um produtor de sentido, porém, o ponto de chegada desse sentido era dado *a priori*, diferentemente do que se propõe essa abordagem, visto que o leitor tem que atentar para a materialidade do texto e, considerando as suas contingências e as do texto, atribuir o sentido possível para aquele momento e não o sentido determinado pelos especialistas. Isto não quer dizer que vale qualquer coisa para a interpretação do texto. Ao contrário, o processamento deve seguir as demandas da obra e a negociação entre a cultura de ler e o conhecimento passivo dos leitores deve ser ativada para que o sentido atribuído seja coerente com a materialidade do texto, observada naquele momento pelos leitores. Assim, a mesma obra, em outro momento, poderá ganhar outras compreensões, segundo os diversos níveis dos leitores e consideradas as questões que permeiam a sociedade, porque ambos influenciam a atribuição de sentido no momento da leitura.

Trata-se de uma proposta teórico-metodológica capaz de instrumentalizar o diálogo que os mediadores de leitura podem fazer consigo mesmos, com outros mediadores e com seus mediados.

Para tanto, é preciso considerar que já existe um conjunto de mediações entre o livro e o leitor, antes que este tome aquele nas mãos, desde o editor, os circuitos de circulação do livro, a formação dos professores, as condições de leitura em sala de aula ou os inúmeros espaços informais dedicados à leitura que surgem todos os dias, até mesmo os escritores em função de explicador e de intérprete do seu próprio livro. A complexidade dessa situação mostra, por outro lado, que diversos atores culturais, invariavelmente com melhor nível de leitura do que os professores, ao assumirem a tarefa de explicar, dramatizar, recriar os textos para as crianças e jovens, evidenciam o descaso das instituições com a formação de professores, gerando uma situação paradoxal, mas que tem favorecido muito os leitores que aceitam os convites para ler com.

Essa particularidade das transformações por que passaram e passam os procedimentos implicados na compreensão do texto literário explica o aceno quase obsessivo para tirar dessas disciplinas, Língua Portuguesa e Literatura, o seu objeto de ensino — o texto literário —, confundindo-o com os objetos de outras disciplinas mais afeitas à criatividade e, com isso, banir o processamento do texto do cenário educacional. Pois é esse processamento que colabora para que a materialidade do texto seja apreendida pelo leitor em formação, antes de entrar em cena toda gama de atividades lúdicas e teatrais, também necessárias, porém, não como um fim em si mesmas, como observamos. Na contramão dessa perspectiva, entendemos a compreensão do texto literário, pois é disso que se trata, neste caso, como um processo de conhecimento específico, que chamamos processamento do texto, o qual pode se desdobrar em várias ações, desde que o ponto de partida e o de chegada seja o texto, com a participação do leitor.

De modo que não estarei sendo leviana ao apontar para a precariedade da formação de professores em nosso país, com consequências traumáticas para as gerações futuras. Diversos órgãos nacionais e internacionais de pesquisa já vêm salientando o mau desempenho dos escolares em leitura e, sabemos que, em grande parte, a razão está, justamente, na má formação dos professores como leitores e da falta do hábito de leitura entre esses profissionais. O que é um contrassenso. Nesse contexto, alguns estudiosos da cultura chamam atenção para o fato de que os mediadores de leitura serão profissionais cada vez mais solicitados. E os seus desafios também serão consideráveis. Assim, entendo que se puderem contar com experiências concretas, com fontes de inspiração e de reflexão para realizar as tarefas que se impõem, sua atuação poderá ser mais sustentável e menos penosa.

É, portanto, com o espírito de alegria na busca pelo conhecimento e de prazer em obtê-lo, que apresento o primeiro ensaio "De Alhambra a Cunha". Trato dos encontros, processos e caminhos percorridos. Da alegria, no sentido do pensador Baruch Espinosa (1632-1677), ao qual me referirei em outros ensaios, porque suas ideias têm muito a ver com o "vir a ser um leitor autônomo" — motivação deste livro. Dessa maneira, este texto apresenta ao leitor minha trajetória de leitura que começa na infância, quando ler colaborava para o desenvolvimento da criança, e culmina na maturidade, velhice, se quiserem, de desfrutar desse saber como parte do meu processo de humanização. Estou segura de que o ser humano está indefinidamente em transformação, e nesse processo, aprender a ler com um mínimo de instrumentalização é essencial.

A autonomia do leitor será, assim, o alvo projetado no segundo texto, "Ensaio sem nota de rodapé", que trata do processamento da leitura compartilhada do conto "Devaneios do general", de Érico Veríssimo, com um grupo de leitores jovens. Neste ensaio, destaco o modo pelo qual o horizonte de expectativa do mediador pode ser alterado, dependendo das demandas do leitor e do espaço/tempo em que se dá o processamento do texto. Momento/contingência em que o mediador passa pelo teste de humildade e calça ou não as sandálias para seguir seu caminho de honestidade, principalmente, consigo mesmo. Dá a mão à palmatória e revê seus conceitos sobre recepção.

O terceiro ensaio, "Mediação em tempos de cólera", também realizado com um grupo de jovens, se dá na mesma linha do anterior, considerando a especificidade do contexto histórico e social da produção do conto "Negrinha", de Monteiro Lobato. Neste caso, o ambiente e o momento de leitura estavam completamente contaminados pela discussão sobre o racismo do escritor, o que favorecia ao mediador colocá-los em contato com a assimetria entre texto e leitor, a partir da materialidade do texto, cotejando impressões, convicções, posições, para ampliar o escopo de informações do leitor. Dentro de um espaço de respeito às diferenças, foi possível alcançar o objetivo proposto de ventilar as ideias fossilizadas ou mal informadas sobre o escritor e o seu tempo, situação que, invariavelmente, compromete a leitura e torna necessária a ação do mediador. Esse é um exemplo didático de como o mediador estimula a comunicação entre as circunstâncias de produção e as circunstâncias da recepção, que nunca são as mesmas, por razões nem sempre óbvias, para os leitores.

O quarto ensaio, "Do *best-seller* da hora aos clássicos de sempre", retoma a questão da assimetria entre texto e leitor em outra perspectiva, agora mais detalhada, na medida em que explicito o processo e as reflexões que iluminaram a leitura de vários outros textos lidos com minha mediação. A finalidade foi a de fazer os jovens leitores observarem os procedimentos dialógicos do narrador como modo de ficcionalizar o assunto prostituição, cujo interesse passou a ser secundário, na medida em que as leituras avançavam.

A recepção é sempre dinâmica e, se atentamos a ela, surpresas acontecem. O desvio resulta muitas vezes bastante satisfatório e até pode superar as expectativas do mediador. Foi esse o caso.

O ensaio cinco, "Provocações relevantes ou pode pular", propõe tomar os títulos das obras, as de Mário de Andrade, no caso, como estratégia de leitura para colocar o leitor de imediato em contato, por exemplo, com a paródia, sob a qual se conforma o texto modernista. É o caso do livro *Amar, verbo intransitivo,* cujas palavras no seu arranjo inusitado têm a intenção de provocar estranhamento no leitor. Diante dessa constatação, este pode perceber o título como dado importante no processamento do texto, aceitando-o como parte integrante da obra, ou rejeitá-lo, por não ver relevância para a compreensão do texto em sua totalidade. Trato ainda de sugerir algumas outras obras cujos títulos apresentam essa marca paródica e as reações dos leitores frente a tais provocações ou meros desconfortos.

O ensaio seis, "Conversas do mediador consigo mesmo", resultou de reflexões sobre a necessidade de atender novos públicos, seus perfis, horizontes, expectativas. Os mediadores sempre vão precisar dessas paradas para ajustar suas convicções e mudar as dinâmicas quando precisarem atender também os leitores mais velhos, que vicejam nas redes sociais, nas plataformas de várias instituições destinadas à leitura. Eles demandam ações que levem em conta sua experiência de vida e de leitura, que costumam ser exuberantes. Cada faixa etária tem suas obsessões e diante do conhecimento delas é possível preparar ações mais específicas. Antes disso, cumpre fazer um balanço corajoso das assimetrias entre as expectativas concretas e idealizadas de mediador e mediados e colocá-las em perspectiva para a continuidade da ação mediadora.

O ensaio sétimo, "Sobre cães e homens", focou em outra classe de procedimentos criados para desconsertar, desestabilizar, desautomatizar o leitor. Nos deparamos, especificamente, com a falta de experiência de leitura de textos escritos nas perspectivas modernistas e contemporâneas (sobretudo no que diz respeito à forma). Nos deparamos também com a cultura de leitura mimética, que tem por paradigma falar de si e da vida alheia, sem considerar devidamente a ficção. Neste caso, a atenção dos leitores está voltada quase exclusivamente para as sequências narrativas lineares, nós e enredos mirabolantes ou não das obras do fim do século XIX e quase nada para a função de um ou outro recurso narrativo que, a partir do Modernismo, passou a ser mais importante do que o próprio conteúdo das obras, ou seja, entender o papel de um determinado procedimento é caminho para a compreensão da obra. Nesse sentido, o objetivo deste trabalho é aproveitar os diferentes níveis dos leitores e estimulá-los a ir mais além das identificações e da percepção das camadas superficiais do texto, começando por aceitar a provocação que os títulos dos contos ensejam. Para tanto, foram escolhidos os contos "O dono do cão do homem", de Mia Couto e "Desenredo", de Guimarães Rosa que, como vemos, oferecem desafios ao leitor, em nível mais complexo do que outros títulos e, consequentemente, anunciando textos mais complexos.

Para fechar o livro, tratei de explicar no último ensaio, "Sobre Estética da Recepção: Por que não?", os conceitos utilizados, que serviram de apoio para operacionalizar algumas mediações, que começavam com questões ou problematizações trazidas pelos leitores, as quais afetavam sobremaneira a recepção dos textos. Os exemplos apresentados derivam de um conjunto de situações selecionadas para ajudar o mediador a se sentir em casa, ao mesmo tempo que desfruta de ferramentas que podem ajudá-lo a entrar em contato com uma teoria bastante apropriada para lidar com as inúmeras questões relacionadas à diferença entre leitor ingênuo e leitor informado, entre leitor real e leitor virtual, além de tratar de uma gama de questões específicas relacionadas à recepção do texto literário. O mediador pode também beneficiar-se deste texto ao entender melhor as bases nas quais se pautaram as mediações narradas nos sete ensaios e, por extensão, tomar conhecimento dos postulados dessa teoria, extremamente importante, a meu ver, para quem queira tratar do texto literário em nível mais profundo e/ou preparar-se para lidar com a recepção dos leitores como parte do processo de significação dos textos.

Não se tratou aqui, portanto, de propor interpretações fechadas aos textos literários referidos, nem de impor um método de interpretação e sim de contar e comentar algumas situações concretas de mediação de leitura, nas quais o objetivo principal era a compreensão do texto, para o que o processamento do texto era o inegociável das ações empreendidas. Outras propostas trazem sugestões diferentes e são válidas, igualmente. Por isso, quero reiterar que, neste caso, a compreensão do texto, levada a cabo pelo processamento do mesmo, constitui a essência dessa proposta e não outra coisa. Pois, o texto literário, nesta perspectiva, requer um tipo de conhecimento específico, o qual me dediquei a demonstrar em cada um dos ensaios e é isso que espero possa ser apreendido pelo leitor deste livro, seja ele mediador de leitura ou um leitor interessado no assunto. E que possa servir-lhes de base, de motivo, de inspiração para suas ações pessoais quando diante de um texto literário.

DE ALHAMBRA
A CUNHA

Fui a Cunha, recentemente. Uma de minhas irmãs, Elizabete, sempre a par da essência dos lugares, me perguntou se eu tinha ido comprar terras. Imediatamente, vieram à memória os versos "Mas não são minhas as terras/ Do Brigadeiro Jordão...", que fecham o poema "Moda do Brigadeiro", de Mário de Andrade. Minha irmã não conhece os versos, mas sabe da fama das terras de Cunha que evocaram, por sua vez, as terras do Brigadeiro Jordão. Hoje, as terras do Brigadeiro já foram mais que repartidas e eu não fui a Cunha comprar terras, onde ainda há terras por repartir. O fato é que minha irmã colaborou, sem o saber, para que passado/literatura e presente/vida se encontrassem e que desse encontro resultasse o texto que segue.

Essa ida a Cunha acabou rendendo outras associações. Uma amiga me disse que a paisagem que se vê da Pedra da Macela é a que se viu primeiro quando chegaram os exploradores ao Brasil. Vista que se vê desde o interior e não do mar, com Paraty em destaque, muito antes de virar cartão postal. Do alto da pedra, a uns 1800 metros de altitude, se vê a baía, além da Serra da Mantiqueira, ao fundo, e, em camadas, a Serra do Mar, mais distante, e a Serra da Bocaina, mais próxima. A Estrada Real corta essas paragens. Camadas geológicas e geográficas me fazem lembrar que textos também são objetos constituídos de camadas de significado, as quais se dão a conhecer, cada qual dependendo do desejo e da persistência do leitor em apreendê-las. Uma atividade como a de um geólogo, que precisa de conhecimento para reconhecer as características que identificam cada torrão de terra.

E foi nesse clima de associações com textos e lugares que se deu a subida rumo à Pedra da Macela. No percurso, me redescobri narrando (gosto de pensar que Fuks ia gostar de saber que rompi a resistência de narrar). O passo a passo da caminhada se confundia com frases, versos e trechos que ilustraram minha história de leitora. O caminho íngreme para os meus joelhos já bastante exercitados foi sendo vencido sob a sonoridade do verso de Fernando Pessoa: "Quem quer passar além do Bojador / Tem que passar além da dor". Uma hora ininterrupta de caminhada, um passo de cada vez, paradas só para um gole de água. Já no alto da pedra, ao divisar aquela paisagem estonteante, eu era de novo uma narradora. Repassei minha história, mentalmente, depois, em voz alta, para um único ouvinte disponível (o público ouvinte ou leitor é sempre exíguo). Foi um contentamento, para quem anda arrancando os cabelos com a tarefa de transformar ensaios acadêmicos em ensaios instigantes para os mediadores de leitura, o público que de fato pode beneficiar-se das propostas que apresento nos próximos capítulos, não sem ter a ilusão de que leitores experientes possam beneficiar-se também.

De modo que o episódio que deu início a minha vida de leitora começou com meu pai chegando em casa com caixas de livros. Recebera do espólio de uma amiga. O livro que chamou minha atenção naqueles oito anos de vida foi justamente um com um desenho esplêndido na capa, estampando o título *Lendas maravilhosas da Alhambra*. Mais tarde, descobri que a palavra dava nome ao conjunto arquitetônico construído pelos árabes em Granada e tomado pelos reis católicos em 1492. Foi o último bastião árabe da Espanha, que encantou Isabel de Castela a ponto de ela desejar ser enterrada ali e onde, mais tarde, foi erigida a fortaleza de Carlos V, seu neto e imperador. As histórias e a História que esse livro evocou se desdobraram em centenas de eventos de vida. Entre eles, os de estudar espanhol: língua e literatura, o de pleitear e lograr algumas bolsas para a Espanha e até encontrar um espanhol com quem me casei.

Aprender essa nova língua mudou minha percepção de mundo interiorana e ampliou para sempre meus horizontes geográficos e ficcionais. Estudar e ensinar (sempre nessa ordem) língua e literatura espanhola tornaram-se, então, profissão. E, dos livros fundadores da cultura daquelas gentes, depreendi que na literatura e na vida, as coisas acontecem nos lugares. Foi assim com o *Lazarillo de Tormes*, com o *Dom Quixote de La Mancha*. E foi assim que, quando andava de braços dados com Sor Juana Inés de la Cruz (a escritora mexicana do século XVII), escrevi histórias sob o pseudônimo Inez de la Cruz. Histórias jamais saídas das gavetas. Decidi não andar *malrecontando* histórias e, em vez de criá-las ou recriá-las, fui aprendendo a lê-las e disto me alegro e vivo. Para virar interpretadora de textos, tive ainda que transpor dois cabos — medo e dor. Enquanto dure esse estado de coisas, posso nomear-me Inês de Cunha, pois já não sou tão íntima de Sor Juana e gosto de me vincular a lugares onde nunca viverei.

Contos maravilhosos, lendas referidas a um espaço cheio de encantamento e de história, a beleza da palavra que ainda dá nome a um lugar impressionante, me levaram a Granada e, quando adentrei o arco que dá acesso ao fabuloso conjunto arquitetônico, foi um regozijo só. Fantasia e realidade se integraram definitivamente à minha consciência. Ora deixando-me levar pela primeira, ora colocando o pé na terra, conforme exige a segunda, sigo buscando o equilíbrio, sempre difícil, que, ao mesmo tempo, me conforma e me projeta para diante, não sem recuos e oscilações. A literatura não me desumanizou, como acontece, às vezes, e nem me deixei levar pela vida besta, conforme ameaçavam os versos do poema "Cidadezinha qualquer", de Drummond: "Um homem vai devagar./ Um cachorro vai devagar./ Um burro vai devagar./ Devagar... as janelas olham." e fecha o poema com o verso "Eta vida besta, meu Deus.", que me apavorava, pois também eu vim de uma dessas cidadezinhas. Só não sei se os meus vizinhos consideravam aquela vida da mesma maneira que eu. O fato é que abandonei definitivamente aquela vida.

Em Granada, as princesas das lendas se fundiram com as princesas de verdade, pois, ali, tinha vivido uma corte culta e sofisticada. Aquele livro fundamental, *Lendas maravilhosas da Alhambra,* não tratava de princesas sem graça, cuja finalidade era serem levadas ao altar, com uma enorme interrogação pairando sobre o dia seguinte e os demais. Aquelas histórias tratavam de usos e costumes de um povo que dominou e habitou a Península Ibérica por sete séculos e que ali deitou raízes profundas, como vim a descobrir mais tarde. As *jarchas* árabes que deram origem às cantigas de amigo e de amor medievais me ocuparam por anos.

A Idade Média ibérica seguia interessando-me e a novela de cavalaria espanhola veio a ocupar o lugar da lírica, com o *Amadis de Gaula* à frente do cortejo dos cavaleiros andantes que vieram a dar, posteriormente, no *Dom Quixote,* de Cervantes. Foram anos de estudo nos quais a lírica trovadoresca e as novelas de cavalaria se converteram nos modelos fundamentais que me ensinaram a perceber o jogo do texto literário: fantasia e realidade, história e ficção entrelaçando-se e aprofundando a relação entre arte e vida.

Mais tarde, os estudos sobre a literatura ibérica medieval iluminaram as leituras dos textos de literatura infantil e juvenil com os quais passei a trabalhar. Operacionalizar teoria e prática era imperioso, pois os textos de literatura infantil e juvenil andavam livres no espaço, sem tempo, à disposição das projeções dos leitores. Os anos 1970 abrigaram o chamado *boom* da literatura infantil/juvenil, que eu não engolia por puro fenômeno de mercado. Afinal, os consumidores eram leitores em formação e o papel da escola não podia ceder simplesmente a essa produção sem um mínimo de reflexão. E para enfrentar essa simplicidade de julgamento me vali do Estruturalismo, teoria que serviu de base para as análises de texto, a partir das quais era possível estabelecer relações entre as raízes formais e as condicionantes histórico/ideológicas dos textos escolhidos. Tratava-se de investir nos instrumentos de interpretação, porque naquela década eu já havia assimilado que a obra literária se concretiza dentro de um conjunto de condições constituídas por escritor, obra e público e essas, por sua vez, são marcadas por tempo e espaço.

Ainda bem que os estudos paródicos também alcançaram esses trópicos, mais ou menos coetaneamente, e as transgressões literárias incorporadas por esses textos puderam ser explicadas. Foram anos de debates intensos junto às instituições de ensino, com as investigações sobre leitura caminhando paralelamente (nos anos 1980), pois os tempos eram prodigiosos para pensar sobre a recepção dos alunos que iam se transformando em público. Se, do ponto de vista teórico, cada vez mais se notava o descenso do foco no autor e uma crescente importância conferida à obra, do ponto de vista prático, tanto escritor quanto obra foram incorporados de modo superficial e esquemático nas produções didáticas e paradidáticas que tratavam dos textos. Mudaram-se as perguntas, mas o artificialismo seguiu caracterizando o trabalho com o texto em sala de aula. Se, em algum momento, parecia que as teorias estruturalistas e formalistas iam colaborar para que o ensino de literatura tomasse um novo rumo, não foi o que se viu, porque, antes que se assegurasse um bom nível de trabalho com o texto, a categoria leitor invadiu a cena e passamos (escritores, professores, indústria do livro, instituições públicas e privadas de promoção do livro) a reificá-lo, o que equivalia a identificá-lo com suas projeções e subjetividades, sem mais, ou a aceitação do "achismo", se preferirem, que ainda graça nas aulas e mesmo nos espaços informais de leitura.

Nesse cenário, fenômenos da indústria cultural assumiram o lugar do professor (como mediador), a ponto de as obras estarem mais sintonizadas com os temas que a escola propunha, ligadas mais à utilidade da vida em sociedade do que propriamente à imaginação infantil e juvenil. O fato é que muitos escritores produziram sob forma de encomenda (sustentabilidade, racismo), cujos textos nem sempre estavam afinados com a profundidade e pluralidade das experiências humanas, que é o que interessa à literatura, à arte, de modo geral. Nessa visada cultural/industrial, a escola delegou também aos escritores a tarefa de explicar seu próprio texto — um fenômeno comum no cotidiano das escolas de hoje. Falar do seu processo de criação é algo proveitoso, sem sombra de dúvida, porém, pedir ao escritor(a) que explique o livro ou alguma passagem porque o professor(a) não se acredita capaz de fazê-lo é decretar a renúncia ao conhecimento que cada um deveria estar disposto a adquirir e manifestar. É delegar a outrem o que é seu de direito e de dever.

Por conta de equívocos desse tipo e das consequências para os alunos, adiou-se uma vez mais uma importante etapa na preparação do leitor para ascender à categoria de leitor autônomo e, quem sabe, crítico, para o que uma geração de professores esteve dedicada. No fim das contas, o circuito produção e consumo funcionou bem, mas a formação do leitor (professor ou aluno), voltou a segundo plano. Os resultados negativos desse processo são expressivos e os institutos de pesquisa nacionais e internacionais confirmam, todos os anos, o mal desempenho dos brasileiros em leitura. Consultar essas siglas Pisa, Inep, PIRLS dá uma ideia da gravidade do problema.

Vivi, como podem observar, com o pé em duas canoas; o ensino de literatura e a investigação da obra literária, sempre levando em conta a recepção. Para a minha prática, pesquisa e ensino eram indissociáveis, de modo que a dissertação de mestrado "A literatura infantil e juvenil à luz da novela de cavalaria" (1987) nasceu nessa visada. Para a análise, tomei dois textos: *Através do Brasil* (1910) e *O viajante das nuvens* (1975), que se tornaram emblemáticos na representação dos dois polos sob os quais se inscrevia o *corpus* de literatura infantil e juvenil de então. O primeiro, escrito pelo poeta Olavo Bilac, que foi Secretário de Ensino da recém-proclamada República, em parceria com Manuel Bomfim, importante intelectual da época. Juntos colaboraram para a implantação da alfabetização em nível nacional e, nessa perspectiva pedagógica, escreveram o livro, de cunho muito mais didático do que ficcional. O segundo, escrito por Haroldo Bruno, no qual a literariedade constituía a força do texto, o que evidencia que, passados alguns anos, o gênero sofreu transformações tanto no tocante à forma quanto ao conteúdo. Em síntese, o que se pode afirmar é que o conjunto das obras produzidas para o público infantil e juvenil podiam ser agrupadas sob dois paradigmas predominantes: o do pedagogismo puro e simples (ler para aprender cidadania, ecologia, solidariedade) e o da ficcionalidade, além de combinações dos dois paradigmas, sob os quais as obras também passaram a ser produzidas.

Mas, tudo passa e a literatura infantojuvenil sofreu transformações tão radicais, foi absorvida pela literatura de massa de tal modo, que perdi o interesse em seguir por essa senda, devido justamente à inevitável (?) repetição de motivos e recursos literários. Vale a ressalva no que se refere à ilustração. E, ainda que me interessasse o que se produziu para as crianças dos anos 1920 até os anos 1950, na esteira dos modernistas, não dei continuidade à pesquisa.

Contudo, retomei a questão de fundo: tradição e ruptura, e enveredei pela "Tradicionalidade das vozes em *Clã do Jabuti* de Mário de Andrade", que virou tese de doutorado (1996). Uma forma de seguir com os conhecimentos sobre a produção literária da Idade Média Ibérica, agora sob a perspectiva lírica, e estabelecer relações com o Modernismo que passava a interessar-me sobremaneira. Afinal, sem tradição não há ruptura. De forma que foi com o mergulho nos rondós, modas, toadas, acalantos, noturnos, poemas do *Clã do Jabuti* que cheguei ao que chamei "a exegese modernista", por se caracterizar justamente pela fusão da tradição popular com a tradição erudita. Sincretismos que oferecem uma visão mais inclusiva e complexa de Brasil.

Se o *corpus* de análise ao qual me dediquei foi da literatura infantojuvenil canônica para a obra de Mário de Andrade, a teoria pousou no Modernismo, meu lugar de preferência na História da Literatura Brasileira, porque é a partir dele que começamos a desejar nos conhecer, seriamente, como povo. É a partir dele também que afinamos os instrumentos de análise e incorporamos as contribuições da cultura indígena e africana ao arcabouço cultural europeu. Das vanguardas do século XX, responsáveis por ampliar os horizontes de compreensão da cultura brasileira, destaco a lente do Expressionismo, por nos permitir enxergar as sombras das três tradições amalgamadas e as nossas mazelas mal disfarçadas, porque deformadas.

O estruturalismo, por sua vez, foi fundamental nessa jornada, porque serviu de base para empreender a análise dos textos literários, considerados em sua construtividade. Daí para a Estética da Recepção foi um passo. Essa teoria levava em conta também o leitor implícito no texto como categoria ficcional (uma total novidade para mim). Novidade que acrescentava um elemento importantíssimo para a compreensão da materialidade do texto literário e me pareceu, à época, a base científica que faltava para completar a compreensão da tríade escritor-obra-público. Considerando-se que os estudos sobre a gênese (escritor e obra) eram predominantes, quando não exclusivos, incluir a perspectiva do leitor configurado era um ganho inestimável. A percepção de que tanto o leitor configurado no texto como a atenção ao leitor real, com vistas a potencializar a relação texto-leitor, teve consequências diretas para o ensino de literatura e propiciou instrumentos eficientes para a mediação de leitura, acabou por constituir o ponto de virada na minha trajetória de leitora autônoma do texto literário e, consequentemente, minha atuação como mediadora.

Por fim, para além das teorias estéticas, pelas quais sempre me interessei, a filosofia de Espinosa, em especial suas proposições: *a necessidade de compreender, a necessidade de escolher o melhor modo de conhecer, conhecer as leis do entendimento, conhecer a potência do entendimento*, tem contribuído para eu superar preconceitos, superstições e ceticismo, invariavelmente presentes em nossas atividades intelectuais. Além disso, na concepção de Espinosa, a liberdade, como o conhecimento, vem da alegria e não da tristeza, concepção que afetou e afeta minha maneira de conceber meu próprio modo de conhecer. Isso tem consequências objetivas no trabalho de mediação do texto literário, pois as dinâmicas do conhecimento e da afetividade estão estreitamente ligadas durante o processamento da leitura e vivenciar a afetividade humana de modo a torná-la mais potente é o que dá sentido a esse trabalho.

Correntes literárias e influências filosóficas à parte, a leitura é um ato de amor (narcísico, talvez) e a mediação, um ato de afeto (altruísta, talvez) que tem pelo meio um objeto — o livro — e um desejo de conhecimento. A mediação tem inúmeros aspectos a serem contemplados e tantos estilos quanto mediadores, contextos, textos e leitores aparecerem. Por isso, os ensaios aqui reunidos constituem tentativas de contar como se deram alguns processamentos de leitura por mim mediados. Consistem também no desejo de fazer conhecer a futuros mediadores ou a mediadores em constante formação (porque é esse o pré-requisito para exercer essa função) algumas possibilidades de mediação e os fundamentos que as regem. Os relatos deste livro carregam, portanto, traços específicos dos leitores e das situações em que se deram essas leituras, além de questões de contexto que permeavam o momento da mediação.

Da paixão pela leitura e da longa e afetiva atividade de mediação que ela gerou, pude deduzir que mais aprendemos quando partilhamos conhecimento e quanto mais partilhamos, mais aprendemos. Esse círculo virtuoso estará sempre presente na atividade de mediação, mesmo que, muitas vezes, pareça um trabalho inócuo, porque a alternância entre narcisismo e altruísmo estará sempre em pauta e o equilíbrio entre ambos é sempre também um ideal a ser perseguido. Alcançá-lo demandará esforço constante, contudo, trata-se de um esforço motivado pela curiosidade, pelo compromisso com o aprender, afetar e ser afetado. No fim das contas, com a alegria.

ENSAIO SEM NOTA DE RODAPÉ

Não há realidade sem contradição. Por isso, nestes dias pandêmicos que correm tão insossos, observamos duas vertentes políticas se digladiando. Pessoalmente, não vejo graça nenhuma em não se cotejar ideias antagônicas, com uma possibilidade de síntese no horizonte. Será que chegamos ao ponto de ter que evitar conversar porque a radicalização é tanta que melhor é ler, pensar, refletir e viver só? Leio os jornais e me dizem que o Brasil segue dividido, ou que essa divisão está ainda mais acirrada. E não dá para negar.

Leio tudo que sai sobre Euclides da Cunha e *Os sertões*. A Flip (Festa Literária Internacional de Paraty) de 2019 homenageou autor e obra, e tendo a concordar com Miguel Gomes, cineasta português que vai filmar *Os Sertões*: "Há um máximo de racionalidade com irracionalidade máxima", no livro. Tudo para me fazer lembrar que as sínteses nem sempre são possíveis.

Machado de Assis é outro pintor da nossa irracionalidade máxima. Talvez por isso gosto sempre mais e mais de *Dom Casmurro*, especialmente porque não consigo me livrar do silêncio da personagem Capitu. Por um lado, a personagem que não deixa pistas concretas, a não ser um filho (!!!), que Bentinho achava ser a cara do amigo. Por outro, esse Bentinho narrador que conta tudo a seu modo, sem deixar que Capitu tenha a menor chance de manifestação. Isso sim é um não lugar de fala! Pois, é nessa total falta de diálogo que podemos reconhecer a voz silenciada de Capitu e o caráter egocêntrico de Bentinho. Também fico sabendo que um pesquisador encontrou provas contundentes da traição de Capitu nos rastros do discurso jurídico acionado por Machado no texto de *Dom Casmurro*. Não diria que não, os argumentos do pesquisador são robustos, no entanto, o silêncio de Capitu é eloquente demais para ser ignorado. Somos herdeiras daquele silêncio, seja por culpa mesmo, seja porque a escuta continua indisponível.

Porém, meu personagem é outro, não menos egocêntrico (para utilizar um eufemismo) que Bentinho; sua voz tão eloquente quanto intolerante sofrerá um processo de inaudibilidade. Apesar disso, trataremos aqui da eloquência da verbalização que vem a reboque da violência, marca registrada de um certo General Chicuta, personagem principal do conto "Os Devaneios do general", escrito pelo gaúcho Érico Veríssimo e publicado pela primeira vez em 1932.

A mediação de leitura que passo a narrar aconteceu na Universidade Federal de Santa Maria (RS) e teve como leitores os participantes do Projeto de Extensão "Ler e contar — contar e ler", que coordenei durante os anos de 2010 a 2015. Esses leitores totalizavam umas quinze pessoas, entre alunos das Ciências Humanas, professores da escola pública e habitantes da cidade que, por um motivo ou outro, frequentavam o campus da universidade. Seja pelo conteúdo do texto, seja pelas características dos leitores, ou pela combinação das duas coisas, essa experiência marcou-me, sobretudo, porque fui diretamente afetada pelo efeito que o texto causou nos leitores; efeito diametralmente oposto ao que eu esperava ou estava preparada para aceitar quando o propus. E é isso que faz dessa experiência um caso para o mediador considerar, porque acontecem mesmo e as reflexões que faço podem servir de inspiração para situações semelhantes, como também ilustram a relevância dos conceitos de horizonte de expectativa do leitor, sob o qual são acolhidas as noções de contingência e de imprevisibilidade, para a compreensão da recepção.

Faço um resumo do conto, na hipótese de que o leitor seja meu antípoda no que se refere a gostar de notas de rodapé. Eu realmente aprecio lê-las, mas optei por dispensá-las aqui. O General Chicuta, personagem que importa para nosso relato, era um desses senhores arcaicos, imbuídos de uma superioridade advinda de sua posição militar. Ele se destacava pela inteligência na guerra, pela sagacidade das estratégias e pela crueldade com os inimigos. Sem meias palavras, ele decidia e executava ações de combate e de vingança. O conto é narrado em terceira pessoa e construído na alternância de tempos. Passado e presente são complementares. O General Chicuta não seria o decadente do presente da narração se não tivesse sido o todo poderoso do passado, do qual sabemos pelos seus devaneios. As grandes ações do passado se contrapõem às reiteradas queixas do presente. O agressor do passado é o alvo das retaliações do presente. Isto para dar ao leitor uma noção do equilíbrio sob o qual o conto é construído e que resulta nesse "limite tênue entre uma acusação contundente e uma culpa atenuada pelas circunstâncias", segundo o narrador. A memória do general constitui a matéria do conto. As consequências das ações violentas são relativizadas pelas maldades das personagens do presente, que se converteram nos seus algozes. O leitor está frente ao ocaso de uma dessas figuras comparáveis a qualquer ditador, caudilho, brasileiro ou hispano-americano que deixaram rastros indeléveis nos indivíduos e nos coletivos dessas sociedades.

A literatura das duas Américas está repleta desses personagens e, só para lembrar alguns canônicos, cito Paulo Honório, do romance *São Bernardo*, de Graciliano Ramos ou o personagem do romance *A festa do bode,* de Vargas Llosa, baseado na pessoa histórica de Rafael Leonidas Trujillo, que governou a República Dominicana de 1930 a 1961 — qualquer semelhança com a ficção é mera realidade. A literatura coloca o leitor em contato com o *modus operandi* dessas personagens, das quais apenas temos notícias vagas. Há, no entanto, quem tenha uma vivência mais próxima delas e o que vemos são as consequências em face dessa contingência durante o processamento da leitura.

Eu estava preparada para discutir a construção do texto, aliás, magistral, pois não tinha dúvida sobre o esquematismo e a redundância daquele personagem e da sua semelhança com os ditadores e demais personagens narcisistas que povoam a literatura latino-americana, dos textos coloniais ao Modernismo. O público, em certa medida homogêneo, por serem todos gaúchos ou habitantes daquelas terras, eu supunha que estaria também preparado para seguir comigo naquela viagem, que tratava de um tema caro a ele: a Revolta Federalista no Rio Grande do Sul (1893-1895), contada a partir da perspectiva dos anos 1930.

Assim, em São Paulo, de onde escrevo, território dos constitucionalistas de 1932, o General Chicuta seria considerado, por certo, uma dessas pragas que ainda graça nos interiores do Brasil. O conto mostra exemplarmente como se tratava o inimigo e como, em certos casos, a passagem do tempo pode provocar reviravoltas. A lei de compensações do conto me autorizava a considerar uma certa dialética por parte do narrador: a cada peso (um ato violento do general no passado), um contrapeso (uma ação de contrariedade no presente). Tese, antítese, síntese. O final do conto garantia a síntese: o general, já desiludido com a descendência, flagra uma atitude de degola na brincadeira do neto. Afinal, ele ficara conhecido como o "general da degola". Os procedimentos utilizados eram de uma força quase didática e não deixavam dúvida sobre o fato de que aquela personagem era abominável. O General Chicuta de Veríssimo era, para mim, uma dessas unanimidades, não havia como contestar o caráter autoritário e a capacidade de impor sua vontade.

Entretanto, não era bem assim que os leitores percebiam o general lá naquelas paragens pampeiras. Eles manifestaram sua discordância da minha visão, antes mesmo que eu a manifestasse, quando da tomada das primeiras impressões. Fui surpreendida assim que começamos a roda de conversa foi girando. Afinal, o General Chicuta era muito parecido com o avô de alguns deles. Não era incomum que alguns tivessem sido um tipo de autoridade máxima no começo do século XX ou tivesse influenciado para que o vilarejo passasse à categoria de município, só para seguir sob o domínio dos antepassados, por conta das verbas federais. De todo modo, o General Chicuta era muito próximo desses leitores para que tolerassem uma condenação pura e simples da personagem. Os valores apregoados por Chicuta — "duma Jacarecanga passiva e ordeira, dócil e disciplinada, que não fazia nada sem primeiro ouvir o General Chicuta Campolargo" — eram compartilhados por esse grupo de leitores. "Brigar em campo aberto, peito contra peito, homem contra homem" era necessário; naqueles tempos, mais que isto, era uma contingência. A região, o estado, firmaram-se com base na valentia e na bravura física e verbal. Alguém tinha que defender a fronteira. Isso não se discute. Foi assim, porque os contrários praticavam os mesmos modos violentos. Eram as contingências daquele momento histórico.

Com tanta política permeando os comentários dos leitores, as conversas caminhavam no sentido de explorar o contexto no qual se deram os fatos recordados pelo general e qual não foi meu espanto: Chicuta era um chimango, ou seja, estava do lado dos republicanos, contrários aos maragatos, representantes das elites. Era compreensível, portanto, que os leitores defendessem Chicuta, uma vez que viam nele um representante do povo. Ele era um herói da banda, digamos, mais progressista da Revolta Federalista e isso pertencia à memória familiar desses leitores. Havia motivos residuais para que a simpatia pela personagem se manifestasse. Não se tratava de reconhecer pura e simplesmente uma estrutura de autoritarismo e crueldade dentro de um contexto já ultrapassado, como eu via. A personagem era bem mais complexa, e isto explicava de certo modo também a simpatia do narrador para com Chicuta, simpatia intrincada naquela malha de pesos e contrapesos, de passado e presente, na qual eu havia embarcado sem atentar para o paradoxo. Este não se dava apenas na distribuição das ações e reações da personagem — egocêntrica —, vamos dizer assim. O paradoxo se dava, principalmente, por causa da relação da personagem com o contexto social e político, que resultou da Revolta Federalista; portanto, resultava de gestos gerados em camadas bem mais profundas, que, ao nível do texto, só podiam evidenciar a essência daqueles pampas. Uma vez revelado esse fato, ao mediador competia rever seu horizonte de expectativas e aos mediados aprofundar suas razões de escusa para a personagem.

Foi nesse lugar, aberto às manifestações a favor dos poderosos e opressores, no qual também podiam, inclusive, ser defendidos, que o grupo retirou do texto e do contexto os argumentos que possibilitaram revermos julgamentos apressados e a adesão incondicional a um ou outro polo da política. Ficava claro, assim, que, apesar de Chicuta ser compreendido no seu contexto, suas ações não podiam mais ser justificadas. Foram necessárias outras discussões com base no cotejo do contexto de produção e da biografia de Veríssimo para que os leitores se dispusessem a rever sua tolerância em relação aos Chicutas, ainda vociferando aqui e ali. Nem eu nem eles podíamos imaginar como esse perfil latente estava se preparando para outras maragatadas, já que as chicutas andam fora de forma. Ao fim das contas, este episódio produziu em mim uma modificação em termos de compreensão da inteligência e da afetividade humanas nunca antes registrada.

Neste sentido, a escuta foi determinante para a compreensão do leitor e de suas hipóteses de leitura. Contrariando Murilo de Carvalho, que acenou com a cabeça um "não", equivalente a um "não acredito no futuro do Brasil" em sua participação na Flip de 2019, eu acredito em possíveis sínteses ao final dos embates que vivenciamos a cada ciclo. Depois da ascensão e queda ora de "chimangos", ora de "maragatos", uma nova era se oferece, mesmo que as lagartixas venham a ser degoladas. Os avanços são feitos de detalhes.

Pois sempre me animaram os bons debates e sempre me interessei por textos que trazem novos argumentos a antigas interpretações. O embate teórico enriquece e amplia a nossa leitura, traz luz à ignorância nossa de cada dia e nos estimula a seguir lendo grandes escritores. Vale a pena conhecer diferentes abordagens para um mesmo assunto. É uma questão de atitude. Assim como valeu a pena escutar aqueles leitores "chimangos". A verdade nunca está de um lado só.

Voltando a Machado de Assis, indigna-me em *Dom Casmurro* justamente o fato de o narrador-personagem Bentinho e, por tabela, o autor Machado de Assis não concederem uma única palavra a Capitu, desde que Bentinho tomou a decisão de exportá-la para a França. Como é possível manter a mulher naquele silêncio? Como é possível não lhe conceder um grito sequer, uma lágrima, um muxoxo? Uma frase de contestação, uma maldição, um xingamento, uma ofensa? Esse silêncio seria a própria confissão de Capitu? Era nisso que o narrador apostava? Sem dar a Capitu a chance de falar, a interpretação de Bentinho prevalece. Ele é o narrador e personagem principal e, por extensão, a voz que silencia Capitu, sem o contraditório, como diriam os juristas. Porém, quem cala consente, segundo a sabedoria popular: se Capitu não contesta, nem rebate, ela assente. Quem silencia, afinal?

Nessa esteira de silenciamentos e de silenciados, também o episódio em que o General Chicuta obriga o jornalista a engolir o jornal que continha uma crítica a ele é emblemático. Faz ecoar a sociedade escravocrata brasileira, em sentido amplo, mas acena também para a função estética do silêncio. Esta perpassa inúmeras obras e nos incita a pensar se os silêncios, o forçado do jornalista e o espontâneo de Capitu, não ecoam como sínteses ou, ao contrário, deixam em suspenso as antíteses. Bentinho segue a vagar com sua tese. As sínteses nem sempre são possíveis. Porém, o General Chicuta, pelo menos temporariamente, falou, gritou, amaldiçoou — e sua fala, ainda que sonorizada, ficou a ver navios.

Para corroborar meu otimismo, conto com a dialética de Veríssimo, pois os acontecimentos narrados estavam muito próximos da vida concreta de alguns leitores, o que permitiu concluirmos que não há unanimidade, nem em relação a sádicos contumazes. Haja vista todo esse movimento atual a favor da figura de Hitler nas redes sociais, passados tantos anos e depois de tanta literatura, cinema e teatro produzidos para dar a conhecer todos os lados da figura de resultado indiscutível, em tese. No conto, o mundo hegemônico do General Chicuta virou de cabeça para baixo e ele sofreu a vingança e o gozo por parte de Petronilho, o filho do mulato assassinado por ele. E ainda que muitas degolas tivessem acontecido na realidade (como na República Dominicana de 1930 a 1961) e na literatura (como em *A festa do bode*, de Vargas Llosa), o generalíssimo Trujillo, ditador, acabou assassinado, depois de 31 anos de crueldade. No caso de

Urania Cabral, personagem vítima de Trujillo, anônimos a vingaram e a todas as milhares de vítimas suas. De modo que as vinganças até cumprem seu papel no equilíbrio das forças, mas os Trujillo sempre reaparecem. A História e as biografias são fartas de exemplos. Na visão otimista de Veríssimo, no entanto, as degolas geram de algum modo as desforras. Serão suficientes?

Texto-base para as citações
VERÍSSIMO, Érico. Os devaneios do general. *Contos*. Porto Alegre: Globo, 1978.

MEDIAÇÃO EM TEMPOS DE CÓLERA

Poderia falar de racismo. Afinal, a palavra e o conceito não saem do noticiário, seja por parte de quem o pratica, consciente ou inconsciente, seja por parte de quem sofre, denuncia ou reage a essa prática histórica. O que mais chama a atenção, no entanto, é que o racismo que faz barulho mesmo, o que faz o público atirar pedras ou responder a elas, é o racismo relacionado à aparência das pessoas (cabelo, nariz, lábios) e aos clichês derivados dos estereótipos. Aqueles recorrentes há séculos. Nessa perspectiva, com tanta atitude que deve machucar, tornar a vida ainda mais difícil para quem é vítima de racismo, por que repercute tanto a crítica aos cabelos e a outros aspectos físicos das pessoas negras? Em um mundo focado no visual, a aparência é um valor e quando associado a eventos traumáticos como a Escravidão o caldo é mais grosso. Temos que lidar com isso também.

Não falarei de racismo. Porém, o homem e o escritor cuja obra tem questões com o racismo não sai da berlinda. Também não vou defender Monteiro Lobato. A História, numa perspectiva dialética, poderá talvez absolvê-lo, outras vertentes já o condenaram. Eu fico com a leitura ou a releitura da sua obra. Considero-a como a vacina da Astra Zeneca: apesar de alguns coágulos, oferece mais vantagens do que desvantagens para quem a toma. Sem a leitura da obra ficamos à mercê dos casuísmos. Todas as épocas têm os seus. Rever nossos pontos de vista em função de novas realidades é necessário e o mediador é o profissional que estará sempre diante dessa necessidade, porque sempre às voltas com públicos do presente e obras do passado. "Mas, a lua já vai alta lá no céu e só poderei apanhá-la amanhã", diria a mãe a Mário de Andrade.

Por isso, tratarei do conto "Negrinha". Nessa escolha, estou bem acompanhada. O conto frequenta inúmeras antologias. Releio-o há anos e cada leitura revela um aspecto da linguagem e do talento de Lobato em dar-nos a conhecer a ignorância humana que, segundo meu pai, mata mais que as guerras. Estamos vivenciando na prática e no estômago esse aforismo. Além disso, há uma bibliografia riquíssima à disposição para nos ajudar a tomar uma posição frente à obra de Lobato ou afinar nossa escuta em relação ao público de hoje, manifestamente afetado pelas descrições de suas personagens. Ou seja, Lobato produziu caricaturas que vêm incomodando, e paga por isso, pois a forma de representação das pessoas negras em sua obra responde pela rejeição ao escritor e, por extensão, à obra. Nessa contingência, a recepção do conto "Negrinha" combina, inevitavelmente, discussões de corte social com as propriamente literárias, mais precisamente na intersecção entre literatura e vida.

Falarei, portanto, das contingências relacionadas ao processamento de leitura do conto "Negrinha", destinado a um grupo de jovens entre catorze e dezessete anos que acudiam semanalmente às atividades de leitura no espaço de uma igreja, em São Paulo. Eram garotas e rapazes brasileiros. Quase ninguém se identificava com o rótulo afro-brasileiros, apesar do hábito muito brasileiro de importar palavras e atitudes, nem sempre correspondentes à nossa realidade (hábito muito ironizado por Mário de Andrade, contemporâneo de Lobato, por sinal, mas muito mais consciente da mestiçagem brasileira e mais positivo em relação a ela). No entanto, havia tanto os que não se identificavam de modo algum com a africanidade, como cultura, embora biologicamente tão afrodescendentes quanto os outros, para quem a africanidade era um modo de afirmação da diferença e da autoaceitação, já muito bem estabelecido na sua vivência e nos grupos de onde emergiam. Essa diferença acentuava a divisão no grupo, porque cada lado se identificava de modo diferente com o racismo e isso transbordava para a falta de solidariedade dos primeiros para com os segundos. O que era problema para uns, já não era para outros. Essa questão é tão complexa, no Brasil, que as nuances de cor não correspondem de modo uniforme à identificação das pessoas e há uma enorme heterogeneidade na autopercepção de cada um, o que exige muito cuidado por parte do mediador.

Embora tudo que eu não desejasse fazer neste ensaio fosse sociologismo, pareceu necessário explicar aqui a particularidade desse público, tendo em vista que é ela a responsável pela particularidade da situação de mediação que ora se narra — a tal contingência que impacta a recepção.

O contexto em que se deu essa mediação era o do ruidoso debate, na década de 2010, sobre a eugenia como prova do racismo de Monteiro Lobato. As discussões levadas a cabo naqueles anos chegaram ao ponto de propor que se retirasse a obra do escritor da lista de leituras obrigatórias do vestibular e que seus livros não fossem distribuídos nas escolas. Tal era o nível de excitação diante do tema. De modo que a condenação ao escritor, à figura pública de Lobato e à sua obra, evidenciada pela imprensa e pelos movimentos negros, afetou diretamente o processo de significação do texto junto àquele público.

Assim, feitas as contas, a despeito de todas as acusações justas e injustas a respeito do escritor, gosto sobremaneira do conto "Negrinha" e venho propondo a sua leitura em diferentes contextos, sempre com satisfação redobrada por se tratar de autêntica literatura e de vida brasileiras. Penso que poucos manuais de sociologia ou história do Brasil resultam em aprendizagem tão eficiente e profunda sobre a humanidade como a leitura desse conto que tem nos desdobramentos da libertação/escravidão sua questão fulcral.

Além de admirar a habilidade de Lobato para administrar personagens tão esquemáticas (Negrinha e D. Inácia, além do padre, das sobrinhas, das criadas) em uma prosa tão dramática, via possibilidades de o leitor, mesmo afetado pela biografia do escritor, reconhecer os elementos que compõem esse texto e tirar suas próprias conclusões sobre a empatia ou antipatia do narrador em relação à personagem-título. A biografia do escritor era uma coisa e a sua obra era outra coisa, essa era minha convicção. De todo modo, precisava colocá-la à prova.

E essa era a contingência que definiu em boa medida o trabalho de mediação com esse grupo: o leitor contra o escritor e o texto condenado de antemão. Eu, a mediadora disposta a aproximar texto e leitor, contava, para tanto, com o foco na materialidade do texto. Em tempos de cólera, mais do que nunca, era preciso colocar o texto na tela, para que alguma objetividade prevalecesse. Era necessário trazer o sujeito leitor à situação de leitura, na perspectiva de que o leitor que habita o sujeito devia predominar sobre a subjetividade do sujeito, não o contrário. Ato contínuo, o sujeito leitor devia atentar para o fato de que, naquela situação, ele devia ser sobretudo leitor. Portanto, precisava abrir-se para ser leitor de fato, e não juiz de ocasião. Um pouco de ordem sempre ajuda, especialmente no que se refere à análise e, por tabela, à reflexão.

Então, o conto. O texto se abre com essa frase: "Negrinha era uma pobre órfã de sete anos. Preta? Não; fusca, mulatinha escura, de cabelos ruços e olhos assustados" que, de saída, serviu aos incautos para ratificar os ataques ao escritor e estendê-los à obra. Não é fácil tirar a toga. Já nos minutos iniciais da discussão, os leitores adolescentes se ativeram especialmente aos adjetivos "fusca" e "ruços"; palavras em desuso, mas que soavam, inequivocamente, como uma ofensa. Foram unânimes em rejeitar essa caracterização. Era importante acolhê-los, sobretudo, porque a frase continha uma adjetivação contundente para os ouvidos de hoje. E comentários sobre aparência física, especialmente, no que se refere à pele e aos cabelos, seguem, como já comentamos, um ponto muito sensível no conjunto das caracterizações.

Se, quanto ao primeiro fragmento do texto, os leitores, na sua totalidade, repudiaram o escritor pela descrição nada positiva em relação a Negrinha, o mesmo não se deu com relação à descrição também nada positiva da personagem D. Inácia. Nesse caso, os leitores se dividiram. Havia os que justificavam, de certo modo, as ações (de pura maldade) de D. Inácia, como sendo por uma questão de hierarquia, de *status*, talvez. Afinal, ela era a autoridade, a proprietária da casa... Esses comentários deixavam entrever certa ingenuidade, própria da idade. Havia outros que a reprovavam por sua maldade, numa visada bastante passional, justificável também pelo mesmo motivo.

Era interessante observar essa divisão, pois, enquanto a menina causava dó a todos (tratava-se de uma criança pequena à mercê da violência de um adulto), o julgamento sobre D. Inácia oscilava entre os que reconheciam a expressão "qualquer coisinha: a polícia!", como tão banalizada no conto quanto na realidade deles e os que defendiam o lema "chega de desculpar o racismo". Havia um diálogo entre ressentimentos velhos e argumentações novas que atualizava de modo contundente a luta histórica contra o racismo neste país, muito bem representada pela figura de D. Inácia que, recém deixada de ser senhora de escravos, "nunca se afizera ao regime novo". O certo é que a assimetria entre texto e leitor, que está presente em potencial em qualquer leitura, neste caso, se intensificava. Assim, entre reprovar o tratamento "pejorativo" dado à Negrinha (segundo alguns leitores) e deixar passar ao largo os arroubos de crueldade de D. Inácia (concretizados no texto), pouca coisa, além da atitude "covarde" do vigário, aparecia nos comentários (as tais primeiras impressões).

As controvérsias se sobrepunham de forma veemente, porque tudo estava afetado pela bandeira "banir ou não os livros de Lobato das bibliotecas e até das livrarias" e as questões derivadas dessa campanha. E, ao cobrarem alguma defesa da criança por parte do vigário, esses leitores levantaram mais um campo de batalha: exigir da ficção uma ação de realidade. Esse fato ganhou tamanha relevância durante o processamento da leitura, que tornou necessária uma tomada de posição do mediador, pois, com tão pouco observado no plano do texto, a essa altura, era difícil apelar para a sua materialidade. Cada senda que se abria acabava dominada pelos sentimentos dos participantes, insuflados por fatores externos. Era impossível neutralizá-los. Aceitamos, então, o rumo das discussões na direção da falta de compaixão, injustiça, culpa e castigo. Temas universais e ao mesmo tempo tão nevrálgicos para essa geração — e o texto era especialmente propício à catarse do leitor. A linguagem tão próxima da cozinha, da sala de estar, evidenciando a dissimulação, o cinismo e até a cumplicidade de parte das outras criadas, favorecia uma oportunidade de reflexão para o leitor. Tenho um entusiasmo incomum diante da realização primorosa desse conto, então, relê-lo em voz alta era um prazer e uma estratégia, capaz de colocar os leitores em contato direto com a linguagem do escritor e, consequentemente, com a psicologia de cada uma das personagens, inclusive a da criança. Isto era comovedor, ao final. Assim, vivenciar os nossos males de origem e as nossas mazelas através das falas das personagens (recurso que as aproximava ainda mais do leitor) propiciou àqueles jovens ir baixando o assembleísmo justiceiro das primeiras horas de processamento do texto. Raiva e revolta aceitas, ânimos menos exaltados. Mediação que segue.

    Ah, o texto, sempre o texto na sua materialidade para salvar o mediador das saias justas inevitáveis. Deste modo, era a rica adjetivação, procedimento estruturante do processo de distribuição de forças entre as personagens, que garantia a eficiência na apreensão do texto como um todo. A adjetivação já havia se mostrado a janela pela qual os leitores adentraram ao texto e foi responsável pela sua condenação prévia. Lembrem-se que tudo começou porque além dos vocábulos "negrinha", "órfã", "preta", os que vêm a seguir são os mais fortes e determinantes para a rejeição do texto: "fusca, mulatinha escura, de cabelos ruços". Trata-se de uma profusa adjetivação de corte negativo e, ainda por cima, em forma de enumeração abundante. Em compensação, expressões contundentes como "essa indecência de negro igual a branco..." passaram totalmente desapercebidas. Era curioso observar que ao se tornar mais elaborada, porque reunia segmentos de substantivos "beliscões e croques de D. Inácia" que se mesclavam aos de adjetivos "magra, atrofiada, com os olhos eternamente assustados, órfã aos quatro anos", a adjetivação impactava menos os leitores. Nada disso havia chamado a atenção deles, comparado à atenção que davam para a caracterização inicial da personagem Negrinha. O visual e a adjetivação direta. Impressionante a redução.

O comentário "Como é ruim, a sinhá!", por exemplo, nem foi observado — e não foram poucos os episódios de sadismo reiterados ao longo do texto, que receberam o mesmo descaso. As ocorrências "bubônica" (referente à peste), "vara de marmelo", "ovo quente" colocavam o leitor em contato direto com as redundantes demonstrações de maldade de D. Inácia contra Negrinha, porém era o cabelo de Negrinha que ainda dava margem às discussões, para meu espanto.

Levei-os a atentar para elementos mais complexos do texto porque combinavam atos concretos e considerações abstratas como "aliviar o fígado", "matar as saudades do bom tempo", além de um repertório abundante de gestos sádicos "a esfregadela: roda de tapas, cascudos, pontapés e safanões a uma vara de marmelo, flexível, cortante: para 'doer fino' nada melhor". Chamei a atenção para o fato de que o narrador combinava expressões da própria D. Inácia com declarações suas, o que acentuava a crítica à personagem e, no limite, estimulava o leitor a condená-la. O que não acontecia, espontaneamente, embora o grupo percebesse que havia um crescendo no modo como o narrador ia apresentando os eventos, que, de tão singulares e em número exacerbado, acabavam por expor o reiterado prazer de D. Inácia em maltratar a menina.

Frente a essa constatação, o vigário passa a segundo plano na escala de malfeitores e a senhora assume o posto de primeira porta-estandarte da violência. Tudo isto em face de detalhes tão exuberantes como "a gama inteira dos beliscões: do miudinho, com a ponta da unha, à torcida do umbigo, equivalente ao puxão de orelha". Apesar de tudo, mais uma vez fui surpreendida com uma parte dos leitores justificando as ações de D. Inácia com relação a Negrinha, por se tratar de uma "bobinha", quando não de uma órfã. Afinal, Negrinha nem nome tinha, comentaram alguns. Era normal que estivesse exposta a maus tratos, explicaram outros, porém não atentavam para o fato ficcional de que Negrinha era, antes de tudo, uma criança negra, filha de uma escrava que havia morrido e, por isso, ficara só, à mercê da ex-proprietária da mãe, a quem eles não condenavam peremptoriamente. Ia dizendo, como seria de supor, mas me recolhi, pois nossas suposições raras vezes coincidem, apesar e talvez por isso mesmo de calcadas em muitas leituras.

Contudo, eu estava tão convencida da competência do narrador em mostrar os dois polos da questão e o percebia tão delicado em demonstrar o quanto a fragilidade, mas também a poeticidade dessa fragilidade de Negrinha fazia de D. Inácia um verme humano, que ia de susto em susto levando os leitores a considerarem o texto parte por parte, sem perder de vista a sua totalidade. A essas alturas, era necessário estabelecer quais eram os pontos de materialidade do texto que eles já admitiam e quais argumentos eram suas projeções em função do presente de cólera do qual tinham partido. Explicitar essa diferença era crucial, porque se havia um julgamento *a priori* sobre racismo, passados alguns encontros, esse era um ponto-chave para apreender o que efetivamente ficara do processamento do texto como um todo.

Faltava, entretanto, condições de vivência, de informação para compreenderem que a precariedade da situação da menina advinha da precariedade das relações entre senhor e escravo que, mesmo abolida a escravidão, não se modificara e, ainda por cima, se agravara, no caso em questão, pela orfandade. Apesar disso, eram capazes de considerar que a falta de cuidados a que Negrinha estava submetida a impedia, entre outras coisas, de diferençar certos objetos, acontecimentos, palavras que eram banais para outras crianças, lançando-a à chacota e à desqualificação, com o que eles eram bastante solidários.

Situações de leitura, sob forte influência do contexto cultural, enfrentam uma dose alta de emoções e frustrações que, por terem sido suscitadas por situações externas, que não as do texto, propriamente, exigem especial atenção do mediador. Este fica na posição de nem evitar nem sucumbir, caso o objetivo seja mesmo o de levar o leitor a alcançar uma leitura ficcional. O fato de as questões de racismo e violência contra a criança não terem sido trabalhadas com esses leitores em algum momento anterior de suas vidas, nem do ponto de vista pessoal nem do coletivo, acena para esse mundo líquido em que tudo resvala e que faz a situação de leitura ter que enveredar para a educação do homem, em sentido específico, quando deveria ser em sentido amplo. Seguramente, o conto não foi escrito para tratar de crianças órfãs ou com déficit cognitivo, mas de uma criança na situação de "um gato sem dono", reduzida a um bichinho, situação na qual o tratamento dispensado pela personagem D. Inácia seria condenável sob todos os aspectos. Parece que era esse o sentimento pretendido pela narrativa, sem entretanto ter logrado guarida no espírito daqueles leitores, por razões ainda muito superficiais, do meu ponto de vista.

É certo, no entanto, que à medida que se familiarizavam com o texto, com seus elementos constitutivos, e iam percebendo a variedade de situações em que Negrinha era exposta à maldade de D. Inácia, foram se evidenciando para eles algumas oposições: os excessos atribuídos a D. Inácia na história (de propriedades, de peso, de bens, de bênçãos) que serviam de contrapeso a suas carências, observadas pelo leitor na narrativa ("azeda", "necessitadíssima de derivativos"). Do mesmo modo, sua "banha" e seus "beliscões" ganham uma correspondência direta com suas privações ("viúva" e "sem filhos"), antes não observadas. Tal sistematização, no entanto, só acontece quando o leitor já pode voltar sua atenção às características das personagens em cotejo uma com a outra, para o que é necessário observar novamente a adjetivação, procedimento fundamental para apreender o sistema sob o qual o texto todo se estrutura, o que ajudará na compreensão do ponto de vista do narrador. Para que esse processo de leitura mais próxima do texto acontecesse, foi preciso, primeiro, que as reações unicamente emocionais dessem lugar a um estado de ânimo mais propício, como vimos, para analisarmos o texto na sua materialidade.

Com isso, o leitor pôde ir construindo para si um quadro de referências ao qual recorrer para seguir atribuindo sentido ao texto. Como consequência imediata dessas ações de organização, a percepção das oposições e paralelismos foram se ampliando também. Não mais as frases soltas, porém expressões em relação; ações e consequências vistas agora em conjunto, o que o levou a rever seus julgamentos ou, pelo menos, colocá-los em dúvida. A consciência daquelas razões extraliterárias que interferiam o tempo todo na leitura e depois a consciência de um espaço propriamente literário, a partir do qual eles podiam usufruir o texto na sua totalidade, foi determinante para que aqueles jovens não abandonassem o processamento da leitura no meio do caminho. Ao mediador cabe seguir cuidando do sujeito que se propõe a ler o texto, sem, entretanto, deixar que aquele se imponha a este.

Além disso, no embate entre texto e leitor, porque é disso que se tratava, o leitor munido de suas armas de combate precisou depô-las, ao verificar que as armas da ficção se revelavam mais eficazes no enfrentamento ao racismo. Pois, na medida em que perceberam que davam mais importância às falhas do vigário, falhas de corte abstrato de uma personagem secundária, do que às falhas de corte concreto por parte de uma personagem mais central, esses leitores foram se reposicionando. Era a materialidade do texto iluminando o caminho da leitura.

Era hora, pois, de refazer o pacto de leitura.

A leitura nunca se dá em terreno neutro, por isso é preciso prepará-lo, para não ficar amassando barro, como acontece em muitas sessões de mediação. O papel do mediador é ajudar os leitores a encontrarem ramos fecundos, dentro do texto, para alicerçar suas impressões, corrigindo rumos ou ratificando caminhos. Os momentos conflitivos, tensos ou de justas demandas pedem mediadores experientes. As chaves equivocadas precisam ser afinadas e a resposta estará sempre na materialidade do texto. Para tanto, é preciso ler junto, considerado o fator preparo para a vida do leitor. Nesse país de meu Deus, apesar de todas as boas intenções, o desempenho em leitura não avança e a culpa não é exclusiva do leitor. Ele está inserido em um contexto de caos metodológico e a leitura ingênua é o primeiro impasse a ser superado. É preciso respeitá-la, sem, contudo, estancar nela. O mediador precisa ter consciência dos entraves que fazem o leitor permanecer na leitura ingênua para ajudá-lo a avançar. É sobre isto que trata este texto: dos fundamentos que regem uma sessão de leitura de texto literário, com vistas a uma leitura ficcional. As atividades podem ser as mais diversificadas, os caminhos podem ser os demandados pelo leitor, sem perder, contudo, a noção que emana da tríade: escritor-obra-leitor — e, nestes tempos, mais especificamente, da ênfase na relação obra-leitor.

Dito isso, voltemos ao processo de leitura do conto, que nos desafia a adentrar ainda mais na relação entre Negrinha e D. Inácia, personagens centrais, e deixar o vigário ainda mais de lado. Sobram características que as opõem e o leitor, agora um pouco mais instrumentalizado, pode situá-las em suas diferenças, observando classe social, idade e traços fisionômicos: uma negra, a outra branca; a primeira humanizada — "caíra numa tristeza infinita" —, apesar das qualidades acenarem para o animalesco — "gato", "coruja", "barata", "pata-choca", "pinto", "mosca", "cachorrinha" —, e a segunda, animalizada, literalmente — "perua choca", "fera antiga" — além das ironias — "excelente senhora", "virtuosa senhora", "ótima a dona Inácia". A abundante adjetivação, agora, é percebida pelos leitores como parte da estrutura narrativa, uma vez que já se deram conta do esquema de repetição e dos pesos e contrapesos do enredo. As falas de D. Inácia referentes direta ou indiretamente à Negrinha se dão com carga cada vez mais potente, substituindo os (des)qualificativos por substantivos como "peste" e "diabo", que colocam em evidência o desprezo e a anulação da criança enquanto ser. Aquilo que era apreendido apenas no nível das ações (beliscões, por exemplo) alcança o nível da apreciação, da avaliação. Os jovens leitores ficam chocados. Pois, aqui, fica claro que quem pratica todas essas ações deploráveis é a personagem D. Inácia, segundo lhes informa o narrador, e não o escritor, conforme eles vinham acreditando.

A essa altura, os leitores estão de posse de um quadro de referências mais amplo e se sentem, por conta disso, mais seguros. São capazes de seguir agrupando as características concretas (gorda, rica) e as abstratas (virtuosa senhora, virtuosa dama), que lhes permitiram identificar a crítica do escritor em relação às raízes escravocratas de D. Inácia, as de corte ideológico como "senhora de escravos e daquelas ferozes", de um lado, e, de outro, as de corte biológico: "azeda, necessitadíssima de derivativos". É justamente em consequência da sistematização dos procedimentos de caracterização que os leitores percebem a reprovação do narrador em relação às atitudes de D. Inácia e, mais que isso, vão conhecendo mais profundamente as idiossincrasias da senhora, que vêm do tempo da escravidão — razão reiterada pelo narrador e quase desapercebida pelos leitores. Vão comprovando aos poucos a compaixão da voz que narra pela criança. Enfim, a figura do narrador passa a ser reconhecida. Gritei *"Yes"*.

Pois, ao perceberem que é ele quem mobiliza a adjetivação, saltando da fisiologia (gorda, nervos, raiva) para a sociologia (rica, dona do mundo, a mimada dos padres, com lugar certo na igreja e camarote de luxo reservado no céu), vão estendendo essas características pessoais a uma perspectiva histórica e social. Como consequência, constatam que o narrador é pró-Negrinha. Assim, na medida em que essa figura vai ficando evidente para os leitores, o reconhecimento da ironia também fica claro e expressões como "ótima, a dona Inácia", "a excelente dona Inácia", "a virtuosa dama", até então pouco compreendidas pelos leitores, passam a estar diretamente relacionadas com a percepção do narrador no texto. No entanto, expressões mais sofisticadas como "Vinha da escravidão, fora senhora de escravos — e daquelas ferozes, amigas de ouvir cantar o bolo e estalar o bacalhau" relacionadas a "Nunca se afizera ao regime novo — essa indecência de negro igual a branco..." ainda não logravam muita clareza de sentido.

Ressaltar o esquema no qual Negrinha e D. Inácia estão intrinsicamente associadas, com a abundância de exemplos do sofrimento de Negrinha, que se dá na mesma proporção das maldades praticadas por D. Inácia, faz parte da metodologia que proporciona ao leitor uma base de dados para ele seguir caminhando na direção das considerações mais abstratas. E, quando ele estranha o comentário do narrador em relação às lágrimas da menina — "são menos de dor física que de angústia moral" —, verificamos ser essa uma observação reveladora do seu grau de atenção ao texto, mesmo sem atinar com o sentido da expressão. Isso para o mediador é um prêmio, ainda que nem tudo possa ser explicado e que muitos vazios ainda permaneçam, depois dessas sessões de leitura.

A conversa a essa altura atingia níveis abstratos que me permitiam observar formas de manifestação verbal e gestual mais elaboradas do que aquelas emoções à flor da pele do começo do trabalho. Não deixa de ser curioso que, no final, aqueles leitores tenham atribuído justamente ao escritor "essa angústia moral" (um dos aspectos mais elevados da personagem), em função da compaixão do narrador pela criança. O que me motivou, como mediadora, a chamar a atenção dos jovens para gestos, usos e costumes emblemáticos dos "senhores de escravos" presentes em toda literatura brasileira, de Bentinho (*Dom Casmurro*) ao General Chicuta ("Devaneios do general"), passando por Paulo Onório (*São Bernardo*) — só para dar alguns exemplos característicos de antes e de depois de Lobato.

D. Inácia era filha do seu tempo. Ou seja, filha de donos de escravos recém-libertos. Dotada de uma herança psíquica que permitia "judiar de crianças" e "desobstruir o fígado", ela se gabava de torturar Negrinha sob a bênção do vigário e o silêncio dos demais, todos subalternos, de algum modo. Nisso, os jovens leitores estavam certos: o vigário tinha sua parcela de culpa. O narrador, porém, não tinha obrigação de impor-lhe castigo. Não seria verossímil. Isso já seria demais e era necessário reconhecer que aos jovens leitores, faltava-lhes referencial, conexões que só uma convivência mais seguida com a leitura poderia alcançar e, claro, conhecimento de

História do Brasil. Isso veio confirmar o quanto, ainda mais, em períodos de cólera, a identificação da ficção com a vida está ligada tanto à falta de proximidade com o jogo da escrita, quanto com as convenções da ficção. E tudo vira um *imbroglio*. Entretanto, ao ver dirimidas confusões que ocorreram durante a leitura, o leitor passa a confiar mais no texto. É tudo de que o mediador precisa. Ao final, Lobato sai redimido e o leitor, mais feliz. De modo que, se a interação texto-leitor atingir estes dois objetivos — o enfrentamento da materialidade da obra e um melhor nível de compreensão do leitor — a mediação terá valido a pena.

Cabrera Infante, o escritor cubano que entendia do assunto, afirmava que o conto requer mais ficção do que verdade, contrariando o leitor que adora puxar a sardinha para o seu aquário, invertendo o aforismo. É possível, portanto, demonstrar que a recepção se realiza pela ação de um leitor em face de um objeto — o texto ficcional (no caso, o conto "Negrinha", de Monteiro Lobato) que precisa ser preparado para sair da vida e entrar na ficção para vir a estabelecer relação entre as duas. Porque quem conta o conto é um narrador — uma instância abstrata — que pede reconhecimento por parte do leitor, para que o jogo da ficção seja a tônica do processamento do texto. É preciso identificar o narrador, sob pena de passarmos as sessões de mediação discutindo um livro como se tivesse sido escrito para nós, para purgar nossas mazelas ou deleitar-nos com o enredo. Para compreender como o fato inventado (o fato ficcional) foi contado, é indispensável apreender o narrador. Superar essa etapa é um desafio e tanto para o leitor ingênuo, que tende a depositar as razões de seus julgamentos na história de vida do escritor, explicitando seu desconhecimento daquela categoria ficcional. Categoria, aliás, que exige uma atenção especial do mediador, sobretudo no cenário brasileiro no qual a biografia dos autores é invariavelmente um *a priori* e em mais casos do que seria desejável um *a posteriori*.

Texto-base para as citações

LOBATO, Monteiro. Negrinha. MORICONI, Ítalo (Org.). *Os cem melhores contos brasileiros do século*. Rio de Janeiro: Objetiva, 2001.

DO *BEST-SELLER* DA HORA AOS CLÁSSICOS DE SEMPRE

Esta mediação foi inspirada pela alegria, no sentido que Espinosa (1632-1677) confere a essa afecção, e que, no caso, deriva do esforço de conhecer. Os leitores envolvidos eram adolescentes (entre 14 e 17 anos) que liam textos a partir de seu interesse, em um espaço cedido por uma igreja situada em um bairro de classe média da cidade de São Paulo. Eram jovens de comunidades afastadas, atendidos por voluntários. Alegres, portanto, mediador e mediados, para início de conversa.

Durante um ano foram lidos muitos contos e algumas poucas novelas escritas para o público jovem, classificadas com o selo de literatura juvenil. Lemos obras produzidas dos anos 1980 em diante, quando esse público virou a coqueluche das editoras. Em certo momento, verifiquei que aqueles leitores andavam cansados do "isto fala do meu mundo" e "isto eu entendo". Passaram a perceber que esses textos mais afeitos à cultura de massa (cuja linguagem não representava dificuldade, nem temas alheios ao seu viver) não lhes permitiam ir além de um reconhecimento superficial da situação atual, nem lhes propiciavam condições de ampliar seus horizontes. Esse desânimo diante da leitura, uma tristeza mesmo, vinha salvá-los e a mim, já exausta de tratar de costumes, de debates justicialistas, catarses individuais e toda sorte de comentários gerados a partir de textos nem sempre bem escritos, com acabamento artístico apenas razoável, ou meros discursos de civilidade escolar ou de civismo duvidoso.

Isso se evidenciou ao final da mediação do *best-seller O doce veneno do escorpião,* de Bruna Surfistinha (2005), também adaptado para o cinema, na qual os debates acalorados sobre a prostituição resultaram em desgaste na relação entre os leitores, com consequente dificuldade para retomada da confiança entre eles. Destilações de preconceitos e abundância de lugar-comum abundavam. De minha parte, me percebi fazendo qualquer coisa, menos tratando de literatura, o que me levou a uma tomada de decisão drástica e, por vezes, adiada. Decidi propor uma obra clássica que abordasse o tema da prostituição, mas cujo contexto de produção e publicação estivesse tão longe da contingência da leitura, que julgamentos morais importassem menos e a obra pudesse ser lida na distância em relação a sua criação.

Escolhi começar com *Lucíola* (1862), de José de Alencar, uma alegria para eles e para mim. Depois, veio *O cortiço* (1890), de Aluísio Azevedo, seguido de *Amar, verbo intransitivo* (1927), de Mário de Andrade. Desnecessário dizer que me recuperei de tanta linguagem fática, *pedagogês*, *modernês* e outras distrações que a meu ver não atendiam nem ao entretenimento, nem ao conhecimento. Essa sou eu, outros poderão afirmar o contrário e não os condeno, apenas é assim para mim.

Minha ideia ao propor os três clássicos era promover uma nova forma de trabalho com o texto, sob a qual aqueles leitores pudessem observar como a literatura tem profundas ligações com a vida, porém tem também suas próprias estruturas de comunicação. Tal estratégia tem a vantagem de não impor simplesmente o estudo de clássicos da literatura, mas propiciar contingência capaz de transformar o que seria uma recepção passiva em uma recepção ativa. Meu propósito derivou de dificuldades de vários tipos: analisar textos em que as vozes narrativas são múltiplas, sem que o leitor tenha sequer um vago conhecimento do que seja o narrador. Além disso, como as discussões sobre o *best-seller* em questão haviam se prendido mais ao tema (prostituição) do que ao gênero literário (biografia, não ficção) e menos ainda do que às implicações construtivas, argumentativas e ficcionais, aproveitei para sacudir várias ideias fossilizadas, ao mesmo tempo que os estimulava a buscar caminhos próprios de atribuição de sentido.

A escolha dos três romances propiciou um longo trabalho com cada uma das obras e em relação umas com as outras a fim de mostrar como as diferentes produções literárias permitiram diferentes enfoques do tema da prostituição e, em alguma medida, como a figura do leitor estava estruturada, em cada uma das obras, para dar ressonância ao ponto de vista do escritor — que, por sua vez, expressava-o segundo uma estética determinada pela voz do narrador. À medida que o processamento dos textos avançava, as ilações entre os textos iam aumentando e a atenção referente ao tema diminuindo. Isto é um exemplo do que chamamos recepção ativa.

I

As primeiras impressões a respeito de *Lucíola* (1862) manifestadas pelos leitores evidenciavam a sua surpresa diante da personagem Lúcia. Eles se perguntavam: como uma mulher troca toda uma vida (de luxo, diga-se de passagem) de cortesã por um amor que nem chega a cumprir-se porque é interrompido por culpa e substituído por autoflagelo? Muito se demoraram no enredo, atentando para as idas e vindas de Paulo e Lúcia até se instalar o processo de melhoramento ao qual ela se lança, movida pelo amor romântico. Foco no enredo, como de praxe, sem que o narrador fosse mencionado. Essa falta de percepção do narrador, afinal, não se dá apenas pelo fato de que o leitor pouco preparado (leitor ingênuo) não se dá conta dele, normalmente, mas também porque há uma ênfase importante do enredo na personagem principal, típica do romance romântico. No entanto, o leitor informado, mais preparado, sabe que a visão que vamos ter da personagem está configurada pelo ponto de vista do narrador e, neste caso, esse também é personagem, portanto, comprometido com o que narra.

Essa percepção faz toda diferença para o processamento do texto, pois é nessa dialética narrador-leitor que o texto se constrói, o que é decisivo para a recepção. O leitor ingênuo tende a construir uma visão da personagem como se ela falasse por si (ele projeta seu julgamento em relação aos fatos, sem olhar para quem inventa o sujeito que protagoniza os fatos), enquanto o leitor informado percebe que aquele sujeito (o protagonista) deriva de um conjunto de ações e omissões que são dadas por um terceiro (o narrador). Ao serem instados a considerar o narrador de modo mais objetivo, os leitores também percebem a oposição masculino/feminino, que servirá de fiadora da atribuição de sentidos até que novos conhecimentos se agreguem.

Assim, na medida em que o leitor se dá conta de que quem narra é um homem, que não apenas vive, mas projeta seus valores como sendo os da sociedade brasileira do século XIX, a personagem feminina passa a ser observada de modo diferente. Compreendem que as decisões dele (narrador) podem não corresponder necessariamente às de uma mulher da vida, como no caso de Lucíola, mas sim, constituem uma escolha que, entre outras coisas, deriva do paradigma da escritura do Romantismo — envolvendo uma noção de catolicismo esquemático, de idealização, pecado, expiação e punição — e dos códigos de conduta (condena à prostituição) da sociedade da época. Este momento é estimulante para o mediador, pois acena para a possibilidade de que é possível ler um texto literário, sem cair em tecnicismos, mas sobretudo, sem estar a falar da vida alheia, como se a literatura fosse mero espelho da vida dos leitores. Espinosa, seguramente, entenderia meu contentamento e alívio.

Aos poucos, foi ficando claro para os leitores que o narrador, neste caso, exerce pelo menos duas funções: a de narrador, propriamente dito, na qual o autor se projeta — daí a ideologia da sociedade em fase de aburguesamento e as condicionantes do processo de formação da literatura e cultura brasileiras, caracterizadas por um conjunto de valores autóctones e importados —, e a de narrador em primeira pessoa, que participa e testemunha como as personagens vivenciaram os sentimentos postos em cena no romance, segundo a sua visão individual. Nota-se que a atenção colocada principalmente em Lúcia, no primeiro momento, passa a incluir Paulo, na medida em que a carta é considerada. Pois é o emissor da carta a uma "respeitável senhora", o homem que conta para uma mulher (a destinatária da missiva) a história da vida de uma segunda com quem ele se relacionou. Não se trata, portanto, da história de um casal de amantes, simplesmente. O narrador Paulo é também a personagem Paulo que conta sobretudo a história da transformação de Lúcia em Maria da Glória. História na qual ele está implicado e, por isso, há que colocar atenção nesse processo, pois do contrário, a personagem pode ser lida (como efetivamente foi) como responsável pelo seu destino, sem que o narrador seja percebido como quem cria a transformação, no plano ficcional, como também as suas escusas, para o que a observação do procedimento das cartas é fundamental.

As leitoras são raras no ambiente da primeira metade do século XIX brasileiro e sobre elas o narrador tem ou finge ter preocupações moralistas, que chegam ao leitor pela boca das próprias personagens femininas. Contraditoriamente, saltam à vista recursos psicológicos como a sedução, o jogo, objetivos declarados e não declarados, e modos de tratar coerentes com a fase primária da ascensão da burguesia em um contexto de catolicismo mais sociológico que religioso. Tudo isso foi possível discutir com os leitores (ingênuo e informado) dentro de um marco definido pela construção de um Brasil em processo de modernização, porque já independente de Portugal, mas atrelado à escravidão, o que garantia um pano de fundo relativamente estável à estruturação do romance e, concomitantemente, à invenção dessa sociedade em consonância com escolhas ideológicas e estéticas coerentes com o Romantismo.

Para auxiliar na avaliação dos leitores que, a essas alturas, acenavam para uma incongruência do romance, que eles consideravam mais vida do que ficção, foi oportuno, para mim, lembrar "o mundo como vontade e representação", sem verbalizar para os leitores a máxima de Schopenhauer (1788-1860), que não os ajudaria muito, mas que me serviu para encontrar um ponto de apoio para esclarecer-lhes que a incongruência a que se referiam não era do romance, mas da projeção que eles faziam sobre o horizonte do autor e da época. Eventos muito comuns na mediação. Assim, ao voltarem a acompanhar a trajetória de Lúcia verificaram que a personagem, a certa altura, toma em suas próprias mãos seu destino e projeta o caminho que lhe permite voltar a ser Maria da Glória, para o que ela conta com a ajuda de Paulo. Interessa ressaltar que esse episódio é central na narrativa, posto que o narrador-personagem constrói a história enfatizando a renúncia de ambos ao amor, em nome da purificação de Lúcia. Essa experiência é o mote sobre o qual giram os demais acontecimentos e desdobramentos da obra, para os quais a carta é determinante, pois é um tipo de texto que supõe, por princípio, um interlocutor: no caso uma mulher que será muito acolhedora com a personagem Paulo. Ou seja, Paulo não conta essa história a um destinatário qualquer, conta a uma mulher, capaz, principalmente, de não julgá-lo mal. Era uma entrada triunfal na ficção, via regras do texto, como seria de supor, mas que raramente acontece, se não for destacado, explicado.

O recurso ambivalente da carta também não é facilmente percebido pelo leitor, ainda que incluído na tessitura narrativa, conforme se lê em

> Não pensava, quando comecei a escrever estas páginas que lhe destino, lutar com tamanhas dificuldades; uma coisa é sentir a impressão que se recebeu de certos acontecimentos, outra comunicar e transferir fielmente essa impressão [...]

e nestes fragmentos:

> A minha história é imoral... Caso a senhora cometesse a indiscrição de ler estas páginas a alguma menina inocente... Entretanto, se este manuscrito tivesse de sair à luz pública algum dia [...].

As conversas entre o narrador e a destinatária são proporcionalmente escassas se comparadas com as digressões sobre a complexidade da existência que acabam por colocar em xeque as crenças lineares do narrador-personagem, porque bastante provincianas. No entanto, as cartas constituem uma forma de dar um pano de fundo para o romance que, se não fora isto, seria uma história qualquer. Não é fácil passar da constatação da história propriamente dita para o jogo do texto, porém, ao entrarem em contato com os procedimentos que levam em conta o diálogo entre narrador e leitor e as funções de cada estratégia narrativa, o leitor vai percebendo aos poucos como está sendo conduzido pelo narrador. Ele percebe que são as demandas do narrador que o levaram a acompanhar a trajetória de Lúcia sob uma perspectiva inusitada (da vida de luxo à vida casta), a qual o surpreendera, de início. Isso não é pouco, em termos de resultado do processamento do texto e, felizmente, acontece.

E o mediador, mordido por Schopenhauer, pode explicar para si mesmo que o narrador-personagem, ao escolher justamente as cartas como anteparo para suas conjecturas morais, exerce sua "vontade de representação do mundo", porquanto, elas são o gesto de comunicação ficcionalizado que, não por acaso, invocam um diálogo entre o emissor e o remetente para que, em forma de letra, sua narrativa possa ser julgada pelo leitor, já com as devidas credenciais. Digo em forma de letra, porque a tendência a julgar a personagem Lúcia como se fosse gente de verdade é recorrente. Esse fato ocorre porque o leitor nem sempre percebe esse procedimento de relevância para a apreciação estética da obra, pois não está acostumado a atentar para a materialidade do texto. Ele vai direto para o enredo, se envolve com as peripécias dos dois amantes e deixa passar algo fundamental da estrutura do romance romântico: as mediações através da amiga distante, através de uma conversa casual com um amigo, ou das próprias digressões da personagem narrador.

Porém, esse é o nosso trabalho. Para tanto, chamar a atenção dos mediados para a expressão: "Reuni as suas cartas e fiz um livro... Deixe que raivem os moralistas..." e destacar que o romance se inicia claramente com a nota da remetente ao autor das cartas, em que aqueles pejos (ou falsos pejos) do narrador são avalizados por ela. É interessante observar que os primeiros parágrafos do texto se constituem justamente de uma espécie de advertência ao leitor, na qual o escritor, valendo-se da voz feminina, se resguarda de futuros ataques e julgamentos, ao mesmo tempo que oferece uma leitura possível, ao alcance dos "idos de 1861", onde cabe perfeitamente advertir "Demais, se o livro cair nas mãos de algumas das poucas mulheres que leem neste país...". Postas em cotejo, essas duas passagens evidenciam o leitor configurado (porque subentendido) no texto, categoria que permite ao leitor inferir, entre outras coisas, a dimensão ética e até pedagógica da obra, apesar de todas as ressalvas que o leitor atual faz, do ponto de vista moral. Mas é aí que está a força do narrador, cuja objetividade, no plano ficcional, permite ao leitor experimentar interpretações coerentes com as referências da personagem Paulo. Referências essas que fornecem ao leitor outro posto de observação para corrigir, reparar, ajustar seu ponto de vista, não mais calcado na impressão ou no julgamento moral da personagem Lúcia. Ela é uma criação de Paulo e não um ser independente, como pode parecer ao leitor ingênuo. O que ela tem de independente deriva muito mais do que o narrador projeta para ela como personagem do que da consciência de Paulo.

Para entender que o narrador só pode dizer certas coisas se neutralizadas, relativizadas por outras personagens que servem como seus álibis ou garantias mesmo, é bom lembrar que arte é detalhe e ler é encontrar detalhes que fazem a diferença. Ao se darem conta de que as estratégias discursivas do romance já estavam anunciadas no título na nota "Ao autor", para a qual ninguém havia dado a menor importância, os leitores ficaram interessados em observar com mais cuidado os procedimentos literários. A interação texto-leitor está repleta de sutilezas e isso é que é relevante no trabalho de mediação.

A explicação que cabe à ficção e não à realidade, neste caso, é que não se pode ler a personagem Lúcia sob um parâmetro existencial, porque ela nem pode se defender. Precisa ficar claro que ela é a criatura criada por Paulo. Só ele pode desculpá-la, segundo suas próprias convicções, ou segundo seu interesse em relação à ficção e, por tabela, em relação aos leitores. E, até poderíamos acrescentar, às leitoras. É a uma leitora que Paulo se dirige diretamente através da carta e é a ela que transfere a responsabilidade de ferir suscetibilidades, como se só uma mulher para escudar ou aquiescer sua ousadia. Trata-se de uma aproximação ao conceito de 'leitor configurado', proposto pela Estética da Recepção. Exploramos o que foi possível, a partir das demandas dos leitores - o tema da prostituição — e da obsessão (devo admitir) do mediador em fazer ver a presença do narrador. Só nesta carruagem passaríamos meses, porém, era preciso deixar muito gosto de quero saber mais.

Colocada a proposta de ler as três obras, essas condições de temperatura e pressão nos permitiam considerar o Romantismo como particularmente profícuo para a formação de mediadores de leitura e a escritura romântica um manancial de eventos ficcionais para serem interpretados com olhos modernos, sem deformar a gênese. Porque o Romantismo é um avançar e recuar, mais parecer do que ser. Uma combinação de ideal e de possibilidades idealizadas. E o leitor configurado, revelado pelas estratégias narrativas, é uma das grandes novidades para a apreensão do leitor real e uma das mais importantes categorias para a literatura que se modernizará. Levar em conta esse elemento constitutivo, na obra *Lucíola*, de José de Alencar, através de procedimentos não tão óbvios (como é a carta e os recursos derivados dela), favorece ao leitor informado apreender o texto na sua totalidade e é esse conjunto de fatores observados separadamente ou em relação que permitiu, naquela situação, que o dirigismo do narrador fosse compreendido. Essa experiência foi fundamental para apreciar o próximo texto.

Texto-base para a citação
ALENCAR, José de. *Lucíola*. São Paulo: FTD, 1997.

II

Do dirigismo do narrador em *Lucíola* à pedagogia do foco narrativo em *O cortiço*. Porque o ponto de vista realista dá a impressão de que as coisas acontecem de forma semelhante na literatura e na vida, o que não ocorre com o ponto de vista romântico, sabidamente fantasioso e idealista. As primeiras impressões dos leitores face a esse romance tiveram muito a ver com questões que estavam na ordem do dia à época daquela leitura, como é normal acontecer. Questões do contexto atual nem sempre são coerentes com o texto, mas elas se relacionam com o romance por algum vínculo com o momento vivido pelos leitores. Assim, a forma como a personagem Rita Baiana (que não é considerada uma prostituta pelo narrador, diga-se de passagem) era percebida pelos participantes estava mais para a semelhança com a experiência moderna de Bruna Surfistinha do que com as razões que levaram Lucíola a enveredar pelo caminho da prostituição, ou mesmo das prostitutas do romance: Leoni, Pombinha e Senhorinha. O interesse pelo assunto "prostituição" foi, assim, arrefecendo na medida em que os leitores compreendiam que a vida dessas mulheres de *O cortiço* constituía um "está posto", um "sem saída", próprios do determinismo realista, o qual diferia totalmente do modo libertário com o qual identificavam Rita Baiana e era isso que lhes interessava. O tema se ampliava e ganhava nuances ainda não exploradas, mas que despertava muita curiosidade nos leitores.

Nessa perspectiva, Rita Baiana apresentava-se como uma janela para a compreensão da complexidade realista ao mesmo tempo que um lugar no futuro para a compreensão de outras personagens mulheres em processo de afirmação da liberdade. Passagens como a seguinte chamavam a atenção dos leitores:

> — Olha! quem vem aí! — Olé! Bravo! É a Rita Baiana! — Já te fazíamos morta e enterrada! — E não é que o demo da mulata está cáda vez mais sacudida?... — Então, coisa ruim! Por onde andaste atirando esses quartos? — Desta vez a coisa foi de esticar, heim?! Rita havia parado no meio do pátio. Cercavam-na homens, mulheres e crianças; todos queriam novas dela.

E, embora houvesse divergência nas opiniões e algum moralismo nas reações dos leitores, era notória a cumplicidade em relação a algumas atitudes da personagem, em passagens como essa.

É próprio da escrita realista forçar as tintas nos detalhes, o que nos permite ver o quadro de forças em que se movem os grupos de indivíduos e promover a proeminência de umas personagens e o recolhimento e até a invisibilidade de outras. Nesse sentido, ignorar que Leoni, Pombinha e Senhorinha formavam um dos contrapontos sob o qual se podia compreender melhor a liberdade de Rita Baiana era o de menos, pois a exuberância de sua figura e a espontaneidade com a qual brindava os vizinhos eram corroborados pelo narrador, como se lê em

> ...E toda ela respirava o asseio das brasileiras e um odor sensual de trevos e plantas aromáticas. Irrequieta, saracoteando o atrevido e rijo quadril baiano, respondia

para a direita e para a esquerda, pondo à mostra um fio de dentes claros que enriqueciam a sua fisionomia com um realce fascinador.

Gostavam da possibilidade de observar a liberdade feminina sem uma relação direta com a miséria ou a "sem-vergonhice" (como eles diziam), pois o que estava interessando era um jeito de ser que aproximava, em certa medida, a Lúcia dos primeiros capítulos à Rita Baiana. Algo como a alegria as unia, interpretei eu, depois dessa mudança de rumo dos leitores. O certo é que tanto em *Lucíola* quanto em *O cortiço*, a questão da prostituição se tornou completamente secundária para eles. E, apesar da trajetória vitoriosa de Rita Baiana em contraposição à trajetória fracassada de Pombinha e Senhorinha serem um exemplo contundente do determinismo social, ainda não era possível explorar com amplitude a estética realista, com esses leitores. De todo modo, eles chegaram ao consenso de que, no caso do romance realista, a literatura está mais próxima da vida, porque tiveram a oportunidade de cotejá-lo com o romance romântico, cujos procedimentos se mostravam de natureza diversa.

É bom lembrar, entretanto, que foi a partir das primeiras impressões, constituídas de juízos arraigados, que as tensões que configuravam o texto puderam ser trabalhadas. Tensões essas que puseram na roda de conversa algo essencial para a estética realista: o foco narrativo que opunha os dois espaços, nos quais se deram as ações: a habitação coletiva (cortiço São Romão e suas duplicações: Carapicus e Cabeça de Gato) e o sobrado do Comendador Miranda. Além disso, os modos de viver resultantes da mesma etapa de acumulação de capital (o cortiço e o sobrado), os lugares e as relações humanas entre brasileiros e portugueses, homem e mulher, gente do bairro e gente do centro constituíam oposições que foram fundamentais para os leitores compreenderem a estrutura da obra realista e os objetivos do narrador ao colocar de forma esquemática todos os conflitos e pulsões dos grupos representados na obra.

De modo que as visões antagônicas construídas pela estética realista, vistas em cotejo, colaboraram para que os leitores compreendessem que a mobilidade social atingida por algumas personagens era resultado de mudanças na dinâmica social implementadas pela ação de indivíduos e/ou grupos, não de ações no plano institucional. O Estado brasileiro, ao se livrar da escravidão e do império, não tocou nas relações de trabalho, o que é posto em evidência pelo foco narrativo, ao apresentar cada uma das personagens através de traços carregados da sua força ou debilidade individual. Como um grande acampamento de pessoas se virando como podem, cada um com seu estilo. No final das contas, a matéria mesma do romance se resume ao processo de prosperidade *versus* decadência, que caracteriza a sociedade em questão. Todos passarão por fases mais positivas ou mais negativas, até mesmo João Romão, o grande vencedor, a quem não faltaram batalhas, criadas e solucionadas por ele mesmo, porém difíceis para o leitor digerir, dado o grau de violência e falta de escrúpulos da personagem. A hesitação, a princípio, quanto à decisão de anular Bertoleza — que, de uma forma ou de outra, era um empecilho a sua ascensão social — é passageira. E é isso que importa para a estética realista. Nada de subterfúgios: o herói realista não se vale de estratégias retóricas como a de Paulo, em *Lucíola*. Se admitirmos que ele é um mau caráter, diferente de João

Romão, é claro, entenderemos que ao colaborar para que Lúcia tomasse as rédeas de sua "salvação", ele se portou como um herói romântico, pois o que mais importa para o romântico é o idealismo, são as atitudes grandiloquentes das personagens, com vistas à virtude. Paulo não interferiu no destino escolhido pela amada, ele abdicou dela. Também ele se sacrificou e é isso que se espera da visão romântica. Entretanto, os leitores advertiram que Paulo parecia mais um herói "moderno". Algo como "faça o que você achar melhor", o que dava um belo álibi para seguir a vida de sinhozinho (já meio decadente). Faz certo sentido e não se podia negar essa interpretação, ainda que descolada das premissas do século XIX.

João Romão, por sua vez, não amava ninguém. Seu projeto era econômico e de vaidade pessoal. Não arredou pé até terminar com todos os obstáculos, fossem de natureza concreta ou abstrata. Contudo, Rita Baiana não só passa ao largo das manobras de João Romão, como nunca está presente nos episódios de tragédia que acontecem no cortiço, e não são poucos. Essa parece ser sua marca. Enquanto outros padecem morte e perdas de todo tipo

> ... Piedade caíra de cama, com um febrão de quarenta graus; a Machona tinha uma orelha rachada e um pé torcido; a Das Dores a cabeça partida; o Bruno levara uma navalhada na coxa; dois trabalhadores da pedreira estavam gravemente feridos; um italiano perdera dois dentes da frente, e uma filhinha da Augusta Carne-Mole morrera esmagada pelo povo.

"Rita desaparecera da estalagem durante a confusão da noite". Essa é uma passagem exemplar na qual o narrador oferece ao leitor um número expressivo de tipos que habitam o cortiço e com quem Rita Baiana convive, porém, distinguindo-a deles.

Apesar disso, a estética realista é menos óbvia e simples do que parece, na medida em que expõe os processos e deixa claro o que é liberdade e o que é dependência, por exemplo. Porém, a pergunta que persiste é: o que estava implícito na atração pela vida de Rita Baiana, por parte dos leitores? Essa era uma questão central para a recepção desse texto, levando-se em conta a guinada no interesse deles. A compreensão de um texto dessa envergadura pede muitas etapas, inclusive que o leitor também passe de uma etapa a outra na sua vida concreta e na sua experiência de leitor, o que leva tempo. Nós tínhamos algum.

E, embora tivéssemos tratado do conjunto das relações de poder que dominavam o romance e com o qual as personagens estavam implicadas, procuramos manter o foco na personagem Rita Baiana que, afinal, tem pontos de contato tanto com a personagem Lúcia, quanto com a personagem Elza, de quem trataremos a seguir. Assim, se, por um lado, a leitura de *Bruna Surfistinha* tinha derivado do interesse pelo tema da prostituição, ao passarmos ao texto de *Lucíola*, o interesse voltou-se para a questão da liberdade das mulheres, o qual se confirmou em *O cortiço*, provavelmente por causa da exemplaridade de Rita Baiana. Além disso, chamou a atenção daqueles jovens o fato de que Rita Baiana já acenava para, ou, mais que isso, era a representante audaciosa de demandas das mulheres, que tardariam quase um século a se notar na sociedade brasileira. De qualquer modo, os leitores seduzidos por Rita Baiana passaram a considerar a personagem uma espécie de protomulher brasileira, no que diz respeito ao erotismo; aspecto que vem sendo enfatizado dentre os vários âmbitos da liberação feminina, e que se impôs ao longo do século XX. Essa comparação das marcas da personagem com o contexto mais atual aprofundou a noção de abertura e complexidade dos textos clássicos, para as quais esses leitores começavam a atentar. E havia ainda Bertoleza, de quem não comentaremos neste ensaio, porém, sua contraposição a Rita Baiana foi anotada.

Eram muitas as possibilidades de reunir os elementos que constituíam os cenários sob os quais se organizavam os dois grupos e as relações de poder correspondentes, em *O cortiço*. Em vista disso, dirigi as provocações para um aspecto essencial do foco narrativo, que eram as motivações de Rita Baiana. Entender seu jeito de estar no mundo possibilitou jogar luz nos propósitos de Bruna Surfistinha que tinham ficado soltos, de certa forma. Releram, para tanto, as notas de leitura do livro e observaram que a personagem Rita Baiana lhes parecia mais verdadeira do que a pessoa Bruna que se fizera biografar. Sem dúvida, uma oportunidade de ouro para se discutir os protocolos de leitura dos textos ficcionais e não ficcionais. Não iremos entrar nessa seara, mas fica a dica.

De forma que a visão em contraste das personagens dos três romances (Rita e Bruna; Rita e Lúcia; Rita e Pombinha), propiciou aos leitores entenderem, em contraposição, o processo de empatia que vivenciaram com Rita Baiana, completamente oposto ao que ocorreu com João Romão. Uma total rejeição, gerada pelo foco narrativo. Aqui pudemos avançar ao tratar as diferentes formas de dirigismo, a que caracteriza o foco narrativo em terceira pessoa de *O cortiço* e a que caracteriza o dirigismo do narrador de *Lucíola,* de José de Alencar, com consequências muito significativas para a relação texto-leitor. Com isso, foi possível explicitar a fragilidade, quando não a inconveniência dos julgamentos que se deram dentro de cada contexto de leitura dos diferentes textos e que exigiram, em compensação, forte concentração na materialidade do texto, com o fim de relativizar avaliações tão taxativas quanto impróprias. Nesse jogo de positividades e negatividades tão pedagógicas e de sutilezas não compreendidas em um momento, porém passíveis de compreensão em outro, é que o romance se constrói, e nisto difere também de *Amar, verbo intransitivo*, texto que servirá de base à mediação que levaremos a cabo adiante.

Texto-base para as citações

AZEVEDO, Aluísio de. *O cortiço*. São Paulo: Expressão Popular, 2011.

III

É preciso aceitar as variáveis da recepção, colocá-las em perspectiva, sempre, para irmos elaborando as ações que os textos pedem face aos leitores reais. Nisso consiste a contingência de leitura. E, como o nosso propósito é ir adentrando no conhecimento da ficção, dos procedimentos que constituem a ficcionalidade (narrador, foco narrativo) para conseguir apreender o leitor configurado no texto, a obra *Amar, verbo intransitivo*, de Mário de Andrade, me parece propícia para que o leitor real venha a perceber como se dá essa presença na malha do texto, através do reconhecimento dos procedimentos que ele vai aprendendo a reconhecer. O cotejo com os textos anteriores passa a ser uma estratégia para que ele não perca de vista os conceitos vivenciados no processamento daqueles textos. Pois, a estética modernista traz novidades para o leitor brasileiro, no caso, pois tem claro a necessidade de tirá-lo da acomodação ou porque considera mesmo sua falta de experiência de leitura. Chama-o a participar. Neste sentido, Mário de Andrade, que sempre foi um moderno no sentido mais profundo da Modernidade, acreditava no avanço da compreensão das obras, tendo em vista a educação do leitor. Essa visão é totalmente coincidente com os propósitos deste trabalho.

Assim sendo, comecemos pelos "51 leitores" a quem o narrador se refere e com quem dialoga, ao longo da narrativa. Não se trata aqui da peculiar provocação de Machado de Assis ao leitor de *Dom Casmurro*: "Abane a cabeça, leitor; faça todos os gestos de incredulidade. Chegue a deitar fora este livro, se o tédio já não o obrigou a isso antes; tudo é possível", mas de um diálogo fundante do narrador com o leitor: "Isto do corpo de Fräulein não ser perfeito, em nada enfraquece a história". Está claro, pelo anafórico (isto), que o narrador dialoga com o leitor e vai manter esse procedimento ao longo do texto. Neste caso, não é apenas um procedimento para manter a atenção do leitor ou impedi-lo de dormir (segundo a ironia machadiana). O diálogo com o leitor alicerça o texto, pois a história é narrada para ele, que é chamado a acompanhar o narrador. Sem essa estratégia narrativa, o livro seria um romance tradicional e, neste sentido, ao compreender que é chamado a participar, o leitor acaba por reconhecer as estratégias construtivas da obra. Entretanto, não se trata de fechar com o ponto de vista do narrador e sim de aceitar as suas provocações, acompanhar as conjecturas, que estão em aberto, como se lê em "Fräulein era pras pequenas (as três filhas de D. Laura e Souza Costa) a definição daquela moça... antipática?... Não. Nem antipática nem simpática: elemento. Mecanismo novo da casa". Há espaço para as duas possibilidades, totalmente contrárias. O narrador não projeta suas idiossincrasias (como em *Lucíola*), nem determina o espectro sob o qual se desenham as situações (como em *O cortiço*). Ele apresenta o caminho do meio, nem uma coisa nem outra. Elza, a professora alemã era coisa diferente.

Ao retomar as personagens e entrar em contato com as diferenças entre as personagens do núcleo familiar e a estranha, a estrangeira, os leitores puderam lidar melhor com o sistema narrativo de *Amar, verbo intransitivo,* no qual Fräulein ia aos poucos sendo compreendida, o que colaborou também para o alargamento dos seus horizontes de expectativas. Nesse sentido, os achados e correções que o processamento do texto ia impondo colocavam em xeque os julgamentos já fossilizados e questionavam as projeções dos leitores. Além disso, discussões pontuais mostravam dificuldades específicas, no tocante à forma de apresentação, elaboração e tratamento da personagem, uma vez que diferia completamente do que eles estavam acostumados.

Era o momento de observar no detalhe outro procedimento que ampliava e colaborava para a compreensão do texto, ou seja, o diálogo com o leitor configurado no texto por meio do vaivém entre a terceira pessoa (que caracteriza a narração propriamente dita) e a primeira pessoa (que caracteriza os comentários, que são muitos). Explicando melhor, a narrativa começa em terceira pessoa e assim se mantém, enquanto apresenta o ambiente onde vai se desenrolar o enredo: "A porta do quarto se abriu e eles saíram no corredor". Mais adiante: "Terça-feira o táxi parou no portão da Vila Laura", e "A moça, depois das cortesias trocadas com a senhora Sousa Costa...". No entanto, ao descrever Fräulein, o narrador abandona a objetividade e projeta sua subjetividade, como se nota em: "O que mais atrai nela são os beiços, curtos, bastante largos, sempre encarnados. E ainda bem que sabem rir...". E, depois, é a ironia o procedimento ao qual recorre reiteradamente o narrador. Primeiro vale-se de uma interjeição — "Qual!" — que, repetida em "Qual! Fräulein não podia se sentir a gosto com aquela gente!", atesta a presença de um leitor que, do outro lado da mesa, é estimulado a refletir sobre essa crítica. Pois, a expressão "aquela gente" dá provas de que o narrador conta com a cumplicidade do leitor. O leitor não pode se esquivar, porque, entre um aparecimento e outro da interjeição, o narrador retoma e corrige, contundentemente, o comentário anterior. De modo que acompanhar de perto o texto na sua materialidade possibilitou ao leitor constatar a importância de sua participação na relação narrador-leitor desse romance.

Ajudou muito a comparação com o romance *Lucíola*, pois era muito clara a diferença entre os procedimentos que concretizavam o leitor implícito ou figurado em uma e em outra obra. De modo que *Amar, verbo intransitivo* podia ser analisado no plano da narrativa através dos subentendidos, em face das inúmeras avaliações, críticas e concordâncias do narrador, como se pode observar em: "Fräulein se sentiu logo perfeitamente bem dentro daquela família imóvel mas feliz". Nota-se que a ironia nesta oposição "imóvel/feliz" pode surpreender face à explicação para a atitude de Fräulein, admitida pelo narrador: "Podia porque era bem alemã. Tinha esse poder de adaptação exterior dos alemães, que é mesmo a maior razão do progresso deles"; explicação que conta com o conhecimento por parte dos leitores (um "ouvi falar" dos alemães e seu progresso). Ou seja, o narrador manifesta sua própria opinião em vários e incontáveis procedimentos que, pela reiteração, ajudaram os leitores a reconhecer que, neste caso, há uma atitude positiva do narrador frente à prostituição, porque perfeitamente explicável no contexto da imigração ou, mais especificamente, frente a esta personagem singular — a "prostituta" deste romance é uma personagem com características muito particulares. Ao contrário do narrador de *Lucíola* que usa subterfúgios como o da carta, o da remetente mulher para tratar de assunto tão mais problemático no século XIX do que em princípios do XX.

Fräulein não se parece em nada com Lúcia/Maria da Graaça, menos ainda com Pombinha, e é completamente oposta a Rita Baiana. Ela é alemã, emigrou por causa da Primeira

Guerra Mundial, é uma mulher relativamente culta para os padrões brasileiros, é prática, adaptável em face da profissão que precisou exercer, sem culpa, sem conflitos morais; e, contraditoriamente, é capaz de se apaixonar por um rapazinho "machucador", filho da elite cafeicultora brasileira. Interessante observar que a justificativa muito direta e sintética de Fräulein (para as demais personagens) ou Elza (para o narrador) soou como uma novidade para o nosso leitor, frente a essa afirmação: "Tenho a profissão que uma fraqueza me permitiu exercer, nada mais nada menos. É uma profissão". Na continuação, o narrador corrobora a autenticidade da afirmação: "Falava com a voz mais natural desse mundo, mesmo com certo orgulho", o que "Sousa Costa percebeu sem compreender". Neste ponto, evidenciam-se as diferenças culturais entre brasileiros e alemães que serão relativizadas pelo próprio narrador, mais tarde.

Os leitores acompanharam com muita curiosidade essas explicações, que derivaram de suas indignações em certos momentos do processamento do texto. *Amar, verbo intransitivo* — a despeito da provocação do título, o que lhe confere de imediato um caráter moderno, acrescido da problemática sobre o gênero idílio ou romance, criada pelo autor Mário de Andrade, para que o leitor a tenha em mente, antes mesmo de começar a ler a obra ou deixar pra lá (o leitor sempre tem opções) — congrega uma coleção de procedimentos dos quais não daremos conta, não só da sua totalidade, como nem de uma ínfima parte deles porque, como nos casos anteriores, nosso foco é a protagonista e a questão já bem nuançada da prostituição, o que era um ganho inestimável, face ao conhecimento do texto literário.

Assim, fincamos pé em Lúcia e em Rita Baiana, pois se tratava de compreender essas personagens em seus diferentes papéis relacionados à prostituição, ou às sutilezas pertinentes a cada estética. O que acabou se verificando, neste caso, é a prostituição considerada profissão, sem o glamour de Bruna Surfistinha, mas com a seriedade que Fräulein lhe confere. "Não sou nenhuma sem-vergonha nem interesseira! Estou no exercício de uma profissão", repete ela. Tais declarações deixam os leitores perplexos, é preciso frisar. Além disso, os leitores precisaram reconhecer em Fräulein uma "professora de amor", o que a distinguia de uma cortesã como Lúcia (*Lucíola*), ou prostituta, como Leoni e Pombinha (*O cortiço*). Tampouco ela se identifica com uma moça livre como Rita Baiana (*O cortiço*). Na aproximação com as personagens já conhecidas, portanto, foi se dando a compreensão dessa personagem, uma vez que diferia de tudo a que os leitores estavam acostumados. Afinal, eles agora tinham referenciais para acionar.

Cabe explicar que, como em *O cortiço*, também aqui dois grupos sociais se debatem frente às questões culturais e de costumes: os brasileiros, representados por Sousa Costa e sua família, os patrões de Fräulein, e os alemães, representados pela própria Fräulein e pelas abstrações de alemães trazidas ao tecido narrativo pelo narrador, o que auxilia no entendimento dos embates da personagem com a família Sousa Costa e com os brasileiros, por extensão. Mas, diferentemente do que sucedeu com relação à obra de Aluísio Azevedo, neste caso os leitores conseguiam assinalar que o narrador era descaradamente pró Fräulein, e a defendia, invariavelmente, em oposição às ironias e chacotas que evidenciavam suas críticas com respeito à família Sousa Costa. O que impressionava os leitores era a expressa cumplicidade do narrador para com o leitor, chamado a participar, situação em nada semelhante à estrutura de *O Cortiço*, em que a objetividade do narrador, essa sim, era notória. O narrador de *Amar, verbo intransitivo*, expunha sua opinião relativa aos dois grupos de forma clara, inclusive ostentando-a de modo pessoal, como se pode observar neste excerto: "O idílio acabou. Porém, se quiserem seguir Carlos (o filho de Sousa Costa, de quem Fräulein é professora de amor) mais um pouquinho, voltemos pra Avenida Higienópolis. Eu volto". Porém, deixando espaço para a adesão ou não do leitor. Ou seja, que narrador mais maroto! Esse "Eu volto" é pura provocação ao leitor.

Os leitores foram se deliciando com esses procedimentos e entraram em comunicação com esse narrador de forma inédita para eles. Aqui e ali iam fazendo suas inferências e contribuindo para a atribuição de sentido ao texto, em nível mais elevado, porque servindo-se do conhecimento de outras áreas e transferindo-o para compreender detalhes do enredo. Como o que se viu quando estivemos reconhecendo os contornos dados pelo romance às estruturas repressoras de ambas culturas: a alemã e a brasileira, cada uma com sua especificidade. Os leitores inferiram que os rótulos sob os quais as duas eram conhecidas (fora do romance) precisaram ser relativizados por força do ponto de vista do narrador. Em outro momento, inferiram que a contingência, resultante do encontro/desencontro das personagens, conferia à prostituição contornos inusitados.

E, quando arte e vida se equilibram ao evidenciar a coerência da escolha da profissão, por parte de Fräulein, e a recorrência a esse tipo de ensinamento, por parte do pai de Carlos, o adolescente iniciado nas artes do amor por Fräulein, não foi difícil compreender a paixão (surpreendente) de Fräulein por

Carlos. Algo que os leitores tinham considerado patético, a princípio. Porém, ao observar a "criança alemã" de Fräulein, eles inferem que a narrativa poderia desandar se Carlos resolvesse bater o pé e dar uma de apaixonado irrefreável (normal para sua adolescência) ou se Fräulein não tivesse a altivez necessária para regressar a sua postura de origem e, consequentemente, é ela que segura o enredo nos moldes modernos e faz voltar os amantes à situação inicial. Os leitores perceberam o perigo daquela desordem iminente e ficaram presos ao desenrolar desses acontecimentos, cujo desfecho não é outro senão o da despedida de Fräulein da casa dos Sousa Costa e a entrada definitiva do jovem Carlos na vida adulta masculina.

Diante desses passos tão sintonizados dos leitores com o texto, também a mediadora pôde levantar seus voos, como lembrar-lhes que "moldes modernos" oferecem notas contrárias quando comparadas a dos moldes românticos, por exemplo, onde Carlos teria necessariamente uma atitude ideal, ou no sentido mais radical, onde Carlos teria uma resposta mais mal caráter. Nem uma coisa, nem outra. Carlos é um adolescente e seu primeiro amor (duvidoso), mais precisamente, sua primeira experiência sexual (concreta) dá respaldo ao seu esquecimento. Fräulein é página virada. Restou a ela o drama, vivido na discrição, que lhe conferia sua situação e sua origem. Grito no vazio. Expressionismo. Esse entre lugar, nem isto nem aquilo, nem romântico nem realista é o que caracteriza o texto modernista da primeira geração, precisei assinalar.

O idílio foi apenas um lapso na vida dos amantes. Esse gênero não está destinado a transformar a paixão em algo mais elevado, como no caso de Lúcia e Paulo, nem destinado às idiossincrasias de uma moça livre como Rita Baiana, ou ao determinismo do contexto de Pombinha. Fräulein, como o nome indica, é a forma de chamar, de se referir, em alemão, à profissional que exerce, de modo geral, serviços pedagógicos, como professora de piano, de alemão, de francês, de flauta, etc. Consequentemente, nessa sociedade em processo de aburguesamento, é natural a despedida de alguém que foi contratada para desempenhar um trabalho e saiu da linha, digamos assim. A saída de Fräulein da casa dos Sousa Costa tem tudo a ver com as marcas dessa sociedade "hipócrita", na visão dos leitores e de muitos críticos também, pois fica claro para eles a falsa moral que caracteriza mãe e pai de Carlos. Neste sentido, o idílio como gênero literário se desfaz completamente, pois de amoroso passa à categoria de negócio puro, corroborado pelo jovem amante, o que, para o pai, sempre foi. Essa mudança de registro serviria para tratar da questão do gênero, romance ou idílio, porém ficou para outro momento.

Fiz questão de incluir aqui minhas digressões, porque é inevitável sair do *script* em algum momento ou em vários. Nós, mediadores, somos alegres leitores e analistas esforçados que diante de um bom texto podemos nos permitir atualizar recursos úteis a nossa capacidade de interpretar para além da situação de leitura em funcionamento. Isto nos regozija e acalma nossa ansiedade de arrastar nossos leitores, que vivem outras demandas e não estão necessariamente sintonizados conosco. Entretanto, se estiverem sintonizados com o texto em seu próprio nível de compreensão, está de bom tamanho. Aí nós temos que nos segurar ou transferir para outro espaço essa ansiedade.

Voltando ao *Amar, verbo intransitivo* e aos cotejos com os outros textos. Fräulein é muito senhora de si e do seu negócio, o que nos permite mostrar o quanto mudou a situação da prostituição (as prostitutas de *O cortiço* eram praticamente escravas e Rita Baiana não tinha a menor intenção de receber dinheiro ou submeter-se a qualquer homem) e como a literatura foi capaz de captar as transformações em termos econômicos e de costumes. Não foi difícil, portanto, para esses leitores chegarem à conclusão de que a prostituição se justificou no contexto da sociedade brasileira representada nas três obras da seguinte maneira: para resolver um problema de ordem familiar (Lúcia), ou para o seu próprio sustento (Leoni), ou levada pela inocência (Pombinha), ou motivada pela consciência da necessidade (Fräulein). Ao fim e ao cabo, esse périplo pelas histórias, que puseram em cena a prostituição, permitiu que ao enveredarem pelas estéticas do Romantismo, do Realismo e do Modernismo pudessem entrar em contato com diferentes maneiras de tratar o tema. Com isso, puderam avançar nas discussões propriamente literárias, puderam ampliar e rever seus horizontes de expectativa e, ainda, passar de leitor ingênuo a leitor informado. Os bons textos serão sempre desafiadores e contar com as inferências dos leitores é fundamental para que a atribuição de sentido aconteça de modo eficiente, como vimos ao longo desses processos de leitura tão diversos quanto instigantes. Alguém disse que quem lê um bom romance vive duas vezes, quem lê processando o texto, vive tantas vezes quantas proceder ao processamento do texto. Não é coisa pouca, não acham?

De modo que cada uma das personagens possibilitou aos leitores conhecer parte da problemática social que subjazia ao afã de sobreviver e existir dessas mulheres. O caso de Fräulein, no entanto, exigiu do leitor lidar com o estranhamento que a construção de *Amar, verbo intransitivo* aporta, o qual comprova a modernidade da escolha e do tratamento que o narrador concede à personagem. Ao observarem esse acolhimento do narrador para com a personagem e ao compararem com as obras anteriores, os leitores passaram a admitir que as personagens implicadas na prostituição nos fornecem um quadro muito variado, não tanto pela questão da prostituição, em si, mas principalmente pela diferença de construção de cada um dos romances e das estéticas às quais estão filiados.

No caso específico de *Amar, verbo intransitivo*, a situação de Fräulein podia ser resumida em uma linha — síntese própria do Expressionismo — tão eloquente quanto *O grito* (mudo) de Munch. No entanto, assim como a questão do gênero literário (idílio ou romance) teve que ficar para outro momento, o Expressionismo da obra, aspecto tangenciado em várias situações durante o processamento do texto, também teve que ficar para outra jornada, dada a sua complexidade e a falta de experiência e de repertório dos leitores. Absolutamente normal para a idade e escolaridade deles.

Deste modo, vimos que as três obras comentadas atenderam à curiosidade dos leitores com respeito à prostituição, bem como a mediação levou em conta a etapa de formação desses sujeitos, sem que seus caprichos se impusessem ou sem que nos rendêssemos à facilitação. Essa explicação vai no sentido de ressaltar a relevância do ato de acolher as demandas dos leitores, sempre que a sua formação for a essência do trabalho de mediação e não à recreação, que também pode ser desejada. Contudo, não se trata de simplesmente atendê-los sem um propósito definido (caso contrário, as coisas permaneceriam igualmente soltas), nem de cumprir uma das máximas desse nosso mundo líquido: prazer passageiro, curiosidade apenas, mais uma distração, cuja somatória só revela precariedade na vida intelectual, mas de saber o que propor, mesmo que o caminho precise ser alterado.

Nada mais coerente, portanto, do que voltar ao *best-seller* para ver como os leitores eram capazes de transferir os recursos aprendidos e observar o atual estágio de apreciação da obra, além de colocá-la em perspectiva, uma vez que foi motivadora da proposta de trabalho em questão. Voltar a ela serviria para insistir na apreensão da relação narrador-leitor e compará-la com os três romances clássicos, para que os leitores a apreciassem também numa visada histórica e estética e não apenas temática. O que se verificou foi que era notória a consciência daqueles jovens em relação à natureza diversa do *best-seller*, pois, embora o texto estivesse pautado em uma história real (isto era muito concreto para eles), baseada em uma pessoa real (eles tinham visto a pessoa-personagem na TV), o livro não deixava de ser ficcional enquanto escritura, e, a partir daí, estava sujeito aos protocolos de leitura da ficção (alguns tinham visto o filme e podiam contrastar as duas visões).

Entretanto, o que mais chamou a atenção daqueles adolescentes depois de analisarem os textos em sua materialidade é que os três clássicos eram mais complexos. De minha parte, constatei que cada um dos romances clássicos seguiria afetando os leitores de modo diferente e desafiando as suas possibilidades particulares de interpretação, enquanto a leitura de *O doce veneno do escorpião* tinha esgotado as possibilidades daquela demanda. A curiosidade pelo tema prostituição e o depoimento colhido na estrutura do texto deixavam margem para questões relativas ao mundo que eles queriam ver tratado por outras fontes. Porém, cada texto, a sua maneira, evidenciou problemas correlatos e colaterais, que ampliaram o repertório desses sujeitos leitores, tornando-os mais preparados para lidar com a ficção. Muita coisa ficou por tratar, mas o que ficou pipocando naquelas cabeças como estímulo para outras leituras é o mais relevante.

Esse tipo de trabalho, é bom lembrar, só foi possível com base em um pacto entre mediador e mediados, em face também da disponibilidade de tempo de ambos, o que nem sempre é possível. O fato que garante uma ação dessa duração e dessa profundidade é, sem sombra de dúvida, o compromisso. Reitero, assim, as palavras compromisso, continuidade e profundidade como forma de lembrar que o mundo ainda pode ser menos líquido.

Ao leitor, aquilo que demanda do seu desejo e que perdura na sua ação. Ao mediador, suas batalhas.

Texto-base para as citações:

ANDRADE, Mário de. *Amar, verbo intransitivo*. Rio de Janeiro: Nova Fronteira, 2013.

PROVOCAÇÕES RELEVANTES OU PODE PULAR

A realidade pandêmica que o coronavírus nos legou carrega consigo a evidência de inúmeros fenômenos pessoais (sejam eles físicos ou de comportamento) que não identificávamos no nosso cotidiano, além de atitudes coletivas inusitadas, como bem se observa nas redes sociais. Uma dessas me chamou particularmente a atenção. Trata-se do encantamento com a leitura por parte de pessoas com mais de sessenta anos, que, não fosse o isolamento e o confinamento humano, talvez não acontecesse. Essas sexagenárias (no melhor sentido da palavra), na maioria, acompanhadas de um ou outro sexagenário, se jogaram em atividades de leitura comentada de contos e crônicas, dirigidas por leitores mais experientes, não necessariamente um especialista da área de Letras, mas, principalmente, por quem tem *paixão pela literatura* (*slogan* de uma dessas ofertas de mediação de leitura). Um encantamento que se aproxima do gozo, no sentido de Espinosa, gozo de ler com e comentar junto. Porque para esse filósofo judeu, que viveu na Holanda burguesa e protestante do século XVII, "o desejo que surge da alegria, em igualdade de circunstâncias, é mais forte que o desejo que brota da tristeza". Gosto de pensar a leitura do texto literário nesses termos "conhecimento e prazer".

É promissor reconhecer que esses novos personagens da cena pandêmica e dos fenômenos de internet tenham encontrado guarida na disposição de professores e de toda sorte de profissionais que se colocaram nas plataformas digitais, promovendo encontros de leitura em resposta ao desejo de alegria e de conhecimento, ou, em resposta à alegria pelo conhecimento. Esse jogo de palavras remete também ao sentido de prazer, regozijo (concebido por Espinosa) tão mais inspirador quanto mais sombrios são os tempos. Trata-se de gente exercendo a potência de ser e agir no mundo. A outra face da pandemia, em que a reclusão é motivadora desses sujeitos que aproveitam o tempo e os espaços virtuais recém-disponibilizados não só para ler, como também para mediar leitura eles mesmos e, até, participar de estudos de formação, expandindo uma roda que se retroalimenta de modo persistente e fecundo.

Essa categoria de personagens reais que vem despontando pede atenção dos mediadores em atividade por sua especificidade, no que diz respeito à prontidão para a leitura do texto literário e por seu arcabouço cultural. Por isso, como participante de alguns desses grupos de leitores, sinto-me inspirada, no sentido de ter olhos e ouvidos novos, porque isso que estamos observando é completamente diferente das ações escolares de leitura e escrita. A ação espontânea de pessoas buscando textos ou buscando leitores para trocar impressões de leitura expõe, de certo modo, o equívoco da escola, na sua tentativa ineficiente de formar leitores críticos, com base em modelos que não levam em conta para nada justamente aquele que lê ou o leva em conta do modo mais simples possível, quer seja, aceitando suas idiossincrasias mais superficiais. Fato que não deveria exigir maior atenção dos programas escolares, pois melhorar e progredir no desempenho da leitura são expectativas da sociedade para com a escola. Esse panorama de múltiplas ações e interações sem objetividade e falta de método sugere sintomas importantes, tanto do ponto de vista prático como do ponto de vista ideológico, que desafiam nossa ação.

Meu interesse específico reside nas projeções de subjetividades do leitor que teimam em predominar nos diferentes encontros de leitura. Minha proposta é ajudá-lo a não cair na vala comum da "secessão dos satisfeitos", que caracteriza uma parte da sociedade, a que abandonou a ambição de reagir, na expressão de John Kenneth Galbrait. Pois, entendo que o leitor informado pode vir a ser, em contrapartida, o agente questionador e auto formador, a começar por si mesmo. E os mediadores, por sua vez, ao tratarem da literatura em sua materialidade, ajudariam a aumentar o círculo de bons leitores, o que, por extensão, pode contribuir para uma melhor compreensão das nossas pragas fundadoras, do nosso *modus operandi* pouco afeito à teoria, ao repúdio ao racismo, aos preconceitos e a toda sorte de ignorância que nos constitui.

E, nesse sentido, estratégias de leitura que considerem o título dos livros e a sua filiação a um ou outro gênero literário, seus limites e rupturas, são ferramentas muito eficientes para colocar os leitores diante das provocações que estes marcos encerram. Para o leitor que já domina muitos procedimentos constitutivos da narrativa ficcional, essa novidade pode gerar um interesse que estava reprimido, porque desconhecido. Em geral, os títulos parecem anódinos aos leitores de romances e contos, coisa que em realidade não são, apenas não foram evidenciadas, uma vez que o foco das leituras está quase exclusivamente calcado no enredo (ao desenrolar da história, como me dizem alguns leitores).

O título exemplar que me ocorre para expor essa estratégia é *Amar, verbo intransitivo* (1927), do romance de Mário de Andrade, justamente porque apresenta elementos linguísticos, três palavras que juntas são capazes de gerar indignação, curiosidade ou indiferença, uma vasta gama de perguntas pode decorrer dessa expressão. Assim, "amar, verbo intransitivo" faz supor de imediato os seguintes questionamentos: "amar" não é verbo transitivo? Quem ama, não ama alguém ou alguma coisa? O que pode querer anunciar o escritor ao escolher para o seu livro um título que dá uma classificação diferente da conferida pela gramática da língua portuguesa? Não estará o narrador chamando atenção para a própria língua portuguesa? Não estará colocando em dúvida o sentido de amar, seja nessa língua ou nesse romance?

O certo é que o título se compõe de uma assertiva, uma afirmação com a qual o leitor terá que lidar, apesar e por causa das perguntas que se colocam. Se levada ao pé da letra, a consequência dessa atenção para com o título será a de ler o romance e voltar ao título para decidir se "amar" também pode ser um verbo intransitivo, o que implicará um refletir sobre os amantes e seus modos de agir em relação ao amor. Ou seja, o leitor terá que se mexer, se quiser dizer que de fato leu o livro e afirmar que o compreendeu. A estética modernista se distingue das antecessoras justamente por provocar a desacomodação do leitor. Daqui por diante, enquanto lemos, temos que levantar o bumbum da cadeira e consultar um dicionário, uma gramática, uma enciclopédia, porque o livro estará virando do avesso boa parte dos temas e procedimentos estabelecidos até então. O texto começa por fazer-nos coçar a cabeça. Pois não se lê uma expressão como "Amar, verbo intransitivo", sem um mínimo de estranhamento, concordam?

Temos, portanto, duas situações. O leitor desavisado passará batido pelo título, não registrará essa estranha, inusitada forma de associar "amar" ao seu qualificativo "verbo intransitivo". Já o leitor experiente aceitará o painel de possibilidades abertas por essa brincadeira (pegadinha). Essa provocação (ou desconforto mesmo) também poderá trazer consigo o perigo de o leitor se afastar do livro, justamente por não acolher a provocação, ou o contrário, fará com que ele se sinta muito estimulado e enfrentá-la. As questões que esse título coloca apenas anunciam outras tantas que o texto demandará ao leitor, do qual se espera um desempenho em outro nível, diferente, claro, do que se previa em relação ao leitor do século XIX. Isto vai mexer inequivocamente com a nossa cultura de ler, de não estar acostumado a fazer perguntas ao texto, de não duvidar, de não questionar, não estranhar. E "estranhamento" (forma de ver e apreender e, consequentemente, retratar o mundo e aquilo que o constitui de maneira singular, para dizer o mínimo) é a palavra-chave das obras literárias produzidas a partir do Modernismo (porque desafia e transforma as ideias preconcebidas sobre o mundo e sobre a própria arte).

Outros títulos das obras de Mário de Andrade, como o caso de *Viagem pelo Amazonas até o Peru, pelo Madeira até a Bolívia e por Marajó até dizer chega* (ou *O turista aprendiz*), que tem o título do texto do avô como base da paródia: *De São Paulo à capital de Goiás, dessa à do Pará, pelos rios Araguaia e Tocantins, e do Pará à Corte* é particularmente útil para compreendermos a provocação a que nos referimos. Impossível não assinalar a inventividade do escritor em consonância com a potencialidade da língua portuguesa. Expressões da fala brasileira como "até dizer chega", por exemplo, evidenciam um toque de oralidade na expressão de corte escrito que, no conjunto, evidenciam outros procedimentos também caros ao Modernismo e muito fartos na obra de Mário de Andrade.

Por isso, é bom termos em conta a Semana de Arte Moderna (1922), marco do Modernismo, que fez cem anos em 2022. A partir desse marco histórico é imprescindível tomar a interação texto-leitor como parte do novo pacto de leitura, pois as obras oferecem um manancial de procedimentos e novidades que exigem a participação do leitor. Sua recusa acarretará consequências relacionadas à estagnação, à fossilização e, principalmente, o leitor se verá privado da parte mais interessante da leitura que é a experiência estética proposta por esses autores. De modo que este é o momento para investirmos na passagem da fase mais espontânea para a mais especializada, no que se refere ao processamento do texto literário.

Passemos, então, do destaque do título como estratégia de compreensão do texto literário para o destaque do gênero a que se filia a obra *Amar, verbo intransitivo*, uma vez que o próprio Mário hesitou quanto a classificar o livro como idílio. É disto que vamos tratar, porquanto existiu a dúvida "romance ou idílio" como construtivo da ficção.

Partindo, pois, do pressuposto de que para o leitor ingênuo, o que importa é o idílio amoroso, até porque idílio consiste em um estado amoroso vivido por um casal na vida concreta ou na ficção e isso desperta o interesse do leitor e do público de teatro, cinema e TV de todos os tempos, para os quais, na maioria das vezes, os procedimentos narrativos não interessam muito ou nada. Acontece que nesta obra, vários procedimentos estão a serviço da paródia, justamente a figura retórica que visa a recriação de um gênero tão popular quanto o idílio. E, nesse sentido, o leitor informado, que for capaz de identificar o diálogo do narrador com o leitor e as estratégias de tema e comentário, está preparado também para concluir que o plano paródico é fundamental para a construção do romance e que se idílio ou romance pouco importa. Trata-se justamente de evidenciar o caráter pedagógico (o leitor precisa ser preparado para usufruir a experiência) das provocações modernistas, para o que tanto o título como a questão do gênero são procedimentos que pedem ação/participação do leitor para adentrar ao gênero que não é mais um gênero puro. O escritor brinca com as possibilidades de identificação do texto, deixando para o leitor resolver, segundo suas pesquisas, seu conhecimento. Ações essas que antecedem à leitura propriamente dita do texto, preparando-a, pois o escritor tem consciência de que está oferecendo algo inusitado ao leitor.

Desnudar o processo de desconstrução/construção, próprio do Modernismo, portanto, ajuda o mediador a compreender a diferença entre os graus de aproximação do leitor à ficcionalidade e dá passo a incluir o conhecimento dos aspectos externos (o contexto de publicação da obra) no conjunto de saberes sobre a gênese da obra. Entre outras considerações, destacamos que a preferência do escritor por "idílio" poderia estar relacionada mais especificamente ao aspecto amoroso, gerador de empatia com as leitoras da época, uma vez que Mário conhecia muito bem o exíguo público leitor brasileiro dos primeiros decênios do século XX. Uma questão de marketing, diríamos hoje. Porém, para a estética modernista tratava-se também de uma educação para a arte: provocar, fazer pensar, alargar os horizontes, discutir limites, padrões, cânones, credos. Se ele tivesse escolhido romance para identificar seu texto, a provocação desapareceria, além da questão mesma de subverter o modelo. Para ler à moda modernista é imprescindível não passar por alto essa questão.

Da mesma forma, *Macunaíma, herói sem nenhum caráter* (1928) é exemplo clássico de título proposto com base na paródia (do ponto de vista da gênese/criação) e na provocação (do ponto de vista da recepção). Está dirigido a leitores acostumados à noção de herói, pelo menos. Os heróis eram sabidamente homens de caráter, dito genericamente, e se este é um herói "sem nenhum caráter" não pode ser herói. "Ou uma coisa ou outra", deveria pensar o público de então. Porém, Mário, modernista confesso, valeu-se da palavra *caráter*, apoiada na expressão "busca pelo caráter nacional" que permeou toda a crítica literária da década de 1920 e que resultou na sociologia de Gilberto Freyre, com a publicação de *Casa Grande e Senzala* (1933) e de Sérgio Buarque de Holanda, com a publicação de *Raízes do Brasil* (1936).

A leitura de *Macunaíma* supõe, indiscutivelmente, um processamento da leitura com muito zelo por parte do mediador e com muita atenção por parte do leitor. Não é impossível desfrutar da leitura da obra, mas para aproveitar todas as sugestões que ela incita é preciso algo mais que mero ler. Pois, o mundo interior (poesia) e a profundidade psicológica (romance) que são centrais nas obras de Mário de Andrade, em *Macunaíma* se particularizam, somando-se a estas questões antropológicas (sem nenhum caráter). O herói é lançado na perspectiva simbólica e, contraditoriamente, passa a incomodar os brasileiros até hoje. Não há quem não se detenha nesse título. Ele é o paradigma dos títulos modernistas, sem sombra de dúvida. Expressão linguística, literária e antropológica que põe em relevo a subjetividade e a autoconsciência que, em Mário, alimentava os processos de criação e de crítica, simultaneamente.

Mário foi pródigo em criar títulos provocativos, entre os quais *Pauliceia desvairada* (1922), um título até hoje insuperável pela síntese e eficiência de comunicação e sugestão de sentidos que, naqueles idos de 1922 serviram para sacudir a pasmaceira parnasiana e simbolista da literatura da época, mas não só, tanto que até hoje sua referência serve a desdobramentos em várias áreas do campo das artes. Se atentarmos para um título como *Clã do Jabuti* (1927), verificaremos mais uma estratégia criativa para não perder de vista a tradição (somos um clã?), por um lado, e abrir novos caminhos para o leitor, por outro ("jabuti", quem? por quê?).

Esse aspecto da obra de Mário é particularmente importante para o mediador, pois lhe permite apreender a perspectiva pedagógica derivada da remontagem (ou bricolagem) que constitui um dos paradigmas da arte moderna. Esse nível de transparência do processo de criação é valioso em um país como o nosso, pouco dedicado à formação do público leitor. Mário, um conhecedor das premissas do Expressionismo, foi fiel à que apregoa que o leitor deve ser preparado para acompanhar a produção literária e artística tal qual ela se apresenta. De modo que o "didatismo" é uma escolha do escritor, que tinha total consciência da nossa pouca experiência de leitura. Entretanto, não se tratava de criar obras para agradar o leitor pouco experiente e pouco instruído, mas de provocar também o leitor instruído, desacomodá-lo. Tratava-se, em vez disso, aproveitar as ousadias do modernismo para provocar o leitor e arrancá-lo de sua comodidade ou conformismo neural. Aquele célebre "tudo bem", "também pode ser" que não colabora para o leitor compreender os limites dos gêneros, por exemplo, ou as transgressões que uma geração realiza em relação a outra foi substituído por procedimentos capazes de instrumentalizá-lo para leituras mais competentes. É preciso educação para se ler à moda modernista, realista, ou romântica. Se não, o leitor se permitirá ler sempre em relação a seu tempo, com cobranças ao texto que não procedem, do ponto de vista da gênese.

Aceitar, portanto, as novidades que os títulos encerram faz parte da gama variada de atividades prazerosas que a leitura "modernista" proporciona, além de levar a muitos aprendizados sobre a ficcionalidade. Inúmeros títulos passam pela minha cabeça para, por exemplo, comparar os diminutivos utilizados nas palavras que compõem os títulos dos contos "Negrinha" (Monteiro Lobato), "Gaetaninho" (Alcântara Machado), "Gringuinho" (Samuel Rawet). Ou comparar a eficiência de nomes de bichos nos títulos dos contos portugueses "O cágado" (Almada Negreiros), "A galinha"

(Vergílio Ferreira), ou deste com o conto "O ovo e a galinha" (Clarice Lispector).

Se, entretanto, o título não interessar ao leitor, porque ele quer mesmo é saber do enredo ou em que medida o texto lhe diz respeito, pode pular. Vá diretamente ao texto e tente compreendê-lo, considerando o que lhe aprouver.

Texto-base para as citações

ANDRADE, Mário de. *Amar, verbo intransitivo*. Rio de Janeiro: Nova Fronteira, 2013.

CONVERSA DO MEDIADOR CONSIGO MESMO

Não li nenhum volume publicado nos últimos anos sobre a obra de Clarice Lispector. Nem *Clarice Lispector, uma biografia*, de Benjamim Moser, que minha amiga Norma está lendo com tanto gozo. Só voltei a ler a obra de Clarice depois de passados anos de tanta badalação em volta do seu nome e de gente alvoroçada em saber tudo sobre a mulher Clarice. Sobre o texto, a linguagem de Clarice, menos. O mesmo aconteceu em relação a Borges, nos anos 1970, quando por aqui passou. Que enjoo! Aquela gente babando no respeitável senhor que nem podia ver aquela pajelança, mas ele a sentia e gostava. Fui lê-lo quando já era leitora experiente, capaz de apreciar suas construções e seu jogo. De Clarice, sempre me interessaram os olhos. Mais precisamente, a direção de seu olhar.

Agora, na quarentena, me deu por reler o que já conhecia e ler a parte que não havia lido da sua obra. E confesso que leio com muito prazer, porque, sobretudo, me interessa o que veem os olhos de Clarice. Sou capaz de reconhecer aqueles sentimentos das personagens femininas dos contos de *Laços de Família* em mulheres de carne e osso, em personagens de filmes e de romances. Lá se vão tantos anos. Eu já não me identifico com aquelas personagens e muitas mulheres de hoje, seguramente, também não. Haverá quem se identifique. Aquele ficar no espelho penteando-se e pensando na vida. As fugas da realidade ou, simplesmente, fugas para o sonho com o fim de escapar daquela vidinha sem graça, mas segura, das casadas de então. Quantas mulheres de 40, 30 ou 20 anos de hoje se reconheceriam naquelas personagens? A História, no entanto, me adverte que é preciso lê-la como novidade em relação aos modernistas, à primeira geração modernista, e não em relação aos contemporâneos. Sem falar da fina ironia, da acuidade de sua percepção quanto aos "não me conheço" das personagens e das armadilhas que a vida colocava à disposição delas. E não é que as oficinas de leitura têm mostrado que a gente de sessenta ou mais anos aprecia a autora! Minhas dúvidas, no entanto, vão na direção da leitura mais detida da obra e de sua compreensão. Acho um desperdício ficar tão somente nas identificações e nas projeções.

As leituras coletivas na Pandemia trouxeram questões novas para mim, especialmente, quando reli os contos em que os animais são as personagens principais. Sinto que os animais desses contos estão mais conectados com a suposta humanidade das personagens do que somos capazes de reconhecer, em uma primeira leitura. Uma galinha é uma galinha. Quer animal mais previsível? Quem respeitaria um humano-galinha? Ou, mais especificamente, uma mulher-galinha. Depois tem o Búfalo...

Outra coisa comum nos contos de *Laços de Família* e até de alguns romances é que as mulheres contavam, na maior parte das vezes, com a solidariedade bovina dos homens, maridos ou não. Assim, vistos em contraponto, o que temos é uma vida besta, no sentido drummondiano, de ambos os constituintes do casal. Se bem observado, o que me seduz nesses contos é justamente essa relação entre a galinha camarada (a que sempre está ali, que coloca seus ovos e colabora para a vida andar, o homem que faz o que se espera dele e não cria caso) e a galinha desastrada (a que cria caso, que dá o maior trabalho para ser apanhada e ainda surpreende, provocando novos acordos na família, o homem que nunca sabe o que fazer, além da medicina protocolar da época, com as intempéries de sua mulher). E ela, acometida de falta de filhos, de melancolia, de toda sorte de "enfermidade" advinda da vida doméstica, sem pobreza, tendo que se virar sozinha, "sem nenhum auxílio de sua raça", como a galinha de Clarice. Até empregada ela (a personagem) tinha, comentou surpresa uma leitora, indicando que tinha uma vida boa e, por conta disso, não compreendia sua infelicidade. Melhor dito, mulheres com casamentos mais ou menos aceitáveis (o marido era um bom homem e ela até tinha empregada) vivendo vidas inaceitáveis (vivia no automático, sem espaço para sua singularidade).

Frente a esse e outros comentários de ordem excessivamente pessoal, resolvi colocar-me como mediadora da minha própria leitura. E o mais importante dessa mediação foi percorrer os mesmos caminhos de aproximação literária que eu vejo acontecer com os grupos que coordeno. Primeiro perceber como o texto me afeta, depois me concentrar na sua materialidade para extrair dali novos sentidos e viver a experiência estética. Advirto que aqui e ali minhas companheiras de viagem, as leitoras da terceira idade com quem tenho realizado as atividades de mediação, aparecem nos comentários. Não poderia refletir sobre esse trabalho, sem levar em conta a contribuição delas na atribuição de sentido aos textos. Invariavelmente, suas falas e observações motivaram guinadas preciosas no rumo da interpretação, outras vezes, eram as fossilizações de seus métodos de leitura que me motivavam a buscar outras formas de apresentar os recursos estilísticos, as estruturas para avançar em direção a leituras mais significativas.

Ao solilóquio, mas nem tanto.

Você não encontra violência doméstica, ou física, nos contos de Clarice. Se quisermos considerar a indiferença como violência, acabamos sem avançar muito, porque as mulheres mal identificavam seus sentimentos, como no conto "Amor", que dirá o homem, sempre tão devotado ao seu trabalho mecânico e tão sem graça quanto o doméstico! É o que se apresenta no conto "A imitação da rosa". O texto não trata do homem, mas sugere que um homem desse tipo participa da infelicidade da mulher. Um jeito de ser que reforça o outro, comentavam algumas leitoras.

Invariavelmente, as personagens femininas sempre naquele tal de esperar que todo o bulício da casa se acalme, que as crianças se afastem para a casa da vizinha (sempre penso nas vizinhas!), para as mulheres se sentirem gente. Ora, isso já é passado e muito distante. Hoje as mulheres tomam decisões. Vão à luta, estudam, têm três ou mais empregos, amantes bons e maus... Vão fazer ginástica, malhar, como se diz, fazer massagem, vão ao shopping, beber com as amigas, aporrinham a vida das professoras dos filhos, vão ao terapeuta, frequentam reuniões de budistas, pais de santo, constelação, astrologia. Contratam um *coach*, um professor de internet, um *personal trainer*. Fazem *lives* e colecionam *likes*, têm seguidores. Nenhuma mulher que se considere moderna ficaria na frente do espelho olhando para o cabelo, sem saber o que fazer da vida. Ela já iria logo mudar o penteado, alisar, encrespar, tingir, cortar, grungir, rastafarear... Efetivamente, os tempos são outros. Qual o sentido de ler Clarice? Para afagar a autoestima? Identificar-se com a menina leitora (supostamente boazinha, sem livro ou dinheiro para comprá-lo), e nunca com a menina má (a possuidora do livro que jamais lera ou tinha intenção de ler)?, conforme se lê no conto "Felicidade Clandestina".

Daqui a duas semanas, um amigo vai explicar o conto "Amor" para um grupo de bons leitores. Estou louca para saber o que ele vai propor. Sempre achei o conto uma chatice, porém, ao atualizar a leitura para a sessão de meu amigo, surpreendi-me com outra percepção. Uma mulher com destino de mulher, ar de mulher, de repente "olhou o homem parado no ponto" (a partir do bonde, onde ela se encontrava). "Era um cego"... "Ela viu: ... Um homem cego mascava chicles". A partir desse episódio insólito, "o mal estava feito", conforme assegura o narrador, repetidamente. A partir daí o mundo se torna "um mal-estar" e Ana, a personagem, experimenta "uma vida cheia de náusea doce, até a boca". A evasão no Jardim Botânico com plantas e bichos a lhe potencializar as sensações, especialmente o cheiro, que ela adivinhava mais do que sentia, e o sentido da visão. Essa experiência a abalou de tal maneira que ela envelheceu, digamos assim, porque, tomada de espanto por tudo, viu sua nova velha vida com estranhamento. O período de amor pelo cego, bondade e vertigem, se acaba quando o dia enfim termina e, ao soprar a vela, apaga também "a flama do dia". Apatia e sobressalto resumem esse texto.

Embora do ponto de vista da linguagem eu reconheça que o título "Amor" é uma pegadinha, sigo lendo *Laços de família*, anotando, pensando, pois já estou afetada de um modo novo. Mas gosto mesmo é do conto "Uma galinha" e de "O búfalo". Vocês já viram os olhos de um búfalo de verdade? Eu não. Mas os olhos da personagem viram os olhos do búfalo e eu fico com isso. Os olhos de Clarice, pois foram eles que viram o cego que mudou completamente a percepção da personagem sobre as coisas mais simples e lhe deram alguma consciência da inconsciência em que vivia. Hoje, diria que o conto é magistral. Pois foram os olhos de Ana que viram os olhos do cego que a desconcertaram e a consequência foi uma viagem meio aleatória para dentro de si.

Segui enfrentando o conto "Amor", movida por imensa curiosidade, e, desta vez, era inevitável revisitar o tema do mal-estar (da civilização), porque uma senhora leitora disse com toda autoridade que era impossível discutir esse conto sem levar em conta o texto de Freud *O mal-estar na civilização* (1930), tão caro aos interessados em psicanálise. Uma coisa leva à outra, acabei me enveredando por tantos caminhos, porém acabei mesmo foi rendida pelo "estar em erro", de Espinosa. Foram passeios pela filosofia que uma ficção como a de Clarice impõe. Para Espinosa, todas as coisas provêm, necessariamente, de Deus (do que Espinosa chama de Deus). Encontrei pertinência nessa associação, uma vez que, na obra de Clarice, também a liberdade do erro e da consequente escravidão das paixões provêm necessariamente de Deus. Constatava nessa associação a perspectiva do processo necessário que, no caso do conto, pode explicar a escolha da personagem Ana pela escuridão do "erro", que nada mais é do que a contraface da libertação. Espinosa entende que "o mal, o pecado, a desordem apenas existe na perspectiva errada de quem não conhece o caráter divino do Todo". Era justamente isto que dava sentido à evasão de Ana, ao deixar-se tocar pelas plantas e bichos do Jardim Botânico e vibrar de "amor" pelo cego. A existência da realidade externa não pode ser ignorada, ainda que seja apenas um lapso de acontecimento visto na perspectiva ficcional. Ana, contudo, não escolhe libertar-se ou porque não está pronta ou porque não é hora (razão interna e razão externa). Dentro desse sistema, a realidade formal (a vida cotidiana de Ana) e a realidade objetiva (o sonho, a perturbação, exemplificada pela presença do cego) são ambas expressões, atributos da substância, que, na visão de Espinosa e na de Clarice, é o mesmo que Deus. Haverá, como em tudo, os que discordam. Cabe explicar que a expressão "estar em erro" não alude a uma avaliação moral, mas se trata de um conceito filosófico, posto que a ética de Espinosa não prescreve ao homem as normas a que deve obedecer e sim descreve e estabelece o processo necessário que conduz o homem da escravidão do erro para a liberdade. Ou seja, estar em erro, de qualquer ponto de vista, é uma possibilidade para os homens, da mesma maneira que sua libertação. Duas faces da mesma moeda. Ana teve uma iluminação ao ver o cego mascando chicle. Essa visão aleatória a libertou e ela deixou-se guiar pela liberdade, que durou algumas horas, não mais. Ao retornar ao seu espaço de alienação, em termos freudianos, ela retomou sua condição de "escrava do erro", em termos espinosanos, uma vez que suas escolhas estavam fincadas em raízes profundas, não só dela como indivíduo, mas também dela como parte de contexto mais amplo, no qual boa parte das mulheres de várias gerações estiveram e estão aprisionadas. E acho que isto é que interessava à Clarice.

Neste sentido, é possível compreender o caráter revelador, por um lado, e ocultante, por outro, da passividade do sentir dessa personagem. E o mais interessante, no caso, é que não se pode julgá-la, porque, segundo o pensamento de Espinosa, Deus estabelece o processo necessário que nos conduz à libertação. O conto recorta apenas um ponto na trajetória de Ana, justamente porque sua libertação é fruto de um *insight*, é momentânea, passageira, resultado da contingência, ou seja, dura até ela voltar para casa, pois o final não assegura que Ana alcançou a libertação. A última frase do conto "Antes de se deitar, como se apagasse uma vela, soprou a pequena flama do dia" sugere, exatamente, o contrário. Ou seja, a vibração durou o tempo da visita ao Jardim Botânico, como consequência da visão do cego, porém, terminou quando de volta à casa, tudo retornou ao seu normal. A vibração não perdurou.

Para os leitores que já entraram em contato com os outros ensaios deste livro em que menciono Espinosa, esclareço que intuo certas coincidências do pensamento de Espinosa na obra de Clarice e vou a outras referências para não andar projetando meu umbigo. Tais comparações estão respaldadas na leitura do prefácio a *Todos os contos* (2015), escrito por Benjamin Moser (este sim, eu li), no qual ele trata das "evidências do Espinosa que Clarice leu quando era estudante e cuja influência ecoou durante toda sua vida". Li o prefácio, mas continuo sem ler a biografia. Gosto de pensar que posso ler com autonomia o texto, explorá-lo, levando em conta apenas a sua materialidade, e depois encontrar ratificadas minhas interpretações em algum texto crítico ou retificá-las, em face de alguma evidência ou interpretação balizada. A ditadura da autoridade comprometeu nossa liberdade de pensar. E proceder ao processamento do texto, interpretá-lo, submetê-lo a comparações é um exercício do qual não deveríamos abrir mão.

Dito isso, de "Amor" para "Uma galinha". Aprecio esse conto, porque me lembra os expressionistas e seus mergulhos profundos com aparência de brincadeira. Exageros. O próprio título não é um exagero? E a metáfora que ele expressa não é desconcertante? Essa escolha inusual, provocativa: por que alguém escreveria sobre um animal tão sem graça como uma galinha? Sou lembrada da palavra "biomimética", palavra vinda da biologia para aplicação em psicologia humana. Significa imitação da vida. Não se trata de biomimética pura, esse conto? A vida de uma galinha se iguala à vida de uma mulher ou a vida de uma mulher imita a vida de uma galinha. Colocado nestes termos, "uma velha mãe habituada", "a mãe cansada..." Ou, melhor colocado, aquela mulher muda, ausente, porém a única que pode ou não matar a galinha. Também ela não possui as duas capacidades da galinha, "apatia" e "sobressalto"? Na biomimética, está implícito o conceito de "célula imaginal" (elas são apenas 10% das células da lagarta, mas têm o poder de multiplicação e de sobrevivência dentro do processo autofágico de transformação em borboleta). O que está implícito nesse processo é, portanto, a capacidade de transformação, perfeitamente bem demonstrado na passagem da "galinha de domingo" (aquela mesma galinha que fora "desenhada no começo dos séculos"), para aquela que acena para novos tempos (sobrevivência a todo custo).

Por isto, o leitor não pode se restringir à perspectiva óbvia da vida da galinha como "desajeitada", "hesitante", "trêmula", "estúpida", "tímida" e "livre", sem perder a perspectiva de que a galinha é um ser, biomimeticamente falando, um ser que representa a mulher dos muitos contos de Clarice. Além do mais, a cruel ironia, ao modo expressionista: "havia tantas galinhas que morrendo uma surgiria no mesmo instante outra tão igual como fora a anterior". Nada disso, entretanto, impede a avidez por mudanças; a imaginação pode materializar novas realidades. Isso é da natureza das coisas e não adianta bater tambor. As galinhas, como as mulheres, nascem, crescem (põem ovos, vão mais cedo ou mais tarde para a panela) e morrem. A comparação é contundente e arrasadora, e também de uma profundidade estrondosa. Atentar para os limites ultrapassados pela galinha é um recado eloquente de resistência. Eu estava impressionada com a possibilidade de ir longe, embarcada como estava na escrita de Clarice.

E nessa viagem, o trem fez uma parada brusca e me lembrei das situações de mediação em que os elementos, os mais óbvios, como "o ovo", presente em um conto sobre galinhas, acabam gerando comentários também óbvios e os leitores perdem a possibilidade de reflexões mais instigantes. Se considerarmos que a mulher dos anos 50 pode ser representada por uma mera galinha, na sua mesmice — veio ao mundo para ser comida (galinha de domingo) — como neste conto, não podemos deixar passar, em compensação, aquela cena que surpreende os comensais com um voo curto que resultou no adiamento da sua morte. Mas a sua vez chegará sem sombra de dúvida e, quando chegar, ela será alcançada, pega, carregada em triunfo e depois: panela. Até lá, fiquemos com o voo e com a resistência.

Desse modo, a narrativa calcada numa estrutura aparentemente tradicional garante tanto o desfecho adiado como o desconforto dos opositores: a mãe, o homem e auxiliares de peso / um ovo e os sentimentos de uma criança. Pois o texto transcende o aspecto estrutural através da metalinguagem, evidenciando o drama da mulher com todas as contradições de um drama moderno (tentou escapar/ foi presa, pôs um ovo/ foi poupada, torna-se uma rainha/ de cabeça vazia). Além disso, a metalinguagem também é responsável pelo silenciamento de todos, a partir da fala da criança, a qual funciona como ápice dessa humanização ou dessa des*galinhação*. O resultado desse processo construtivo é particularmente estimulante para o leitor devido ao cruzamento dos vários planos do enredo. Processo construtivo e estratégia interpretativa se casam, neste caso, perfeitamente. Algo daquele pedagogismo (educar o leitor para a ficcionalidade), a que se referiu Mário de Andrade. É a exegese modernista e seus frutos. E, enquanto eu negava todo o acervo de explicações autorizadas sobre a obra de Clarice, não tinha ideia do quanto estava apostando na potencialidade dos textos, bem como na minha capacidade de, vencendo a inércia de aprendiz de leitora crítica, refutar tantos achados interpretativos alheios e, ao fim, suportar minhas próprias inferências.

As antíteses, por sua vez, cumprem papel fundamental no sentido de ajudar o leitor a encontrar um significado justo para a comparação (injusta, talvez) entre a galinha e a mulher. Se, por um lado, o espaço — a cozinha — ou a sensação de cansaço as aproxima, por outro, o anseio as diferencia. A galinha tratou de sobreviver um tempo maior, enquanto a mulher (mãe) cansada deu de ombros. E tudo sempre volta à ordem divina das coisas, como o final proposto por Clarice: galinha à panela e cada um ao seu lugar. Eu não chamaria de determinismo, embora possa, perfeitamente, ser lido assim. Eu prefiro entender, na chave de Espinosa, que a desordem é uma ordem que ainda não se completou, que ainda está em processo, na medida em que alienação e liberdade também são face e contraface da mesma moeda. Uma certa ideia do uno que perpassa a filosofia de Espinosa, mas um uno que não é dado, é buscado, como o conhecimento adequado da essência das coisas, este, um dos atributos de Deus. Pois, a proposição de Espinosa "Quanto mais conhecemos as coisas singulares, mais conhecemos a Deus", nos auxilia no entendimento daquele episódio específico, até que novas desordens se insurjam. Afinal, a desordem é uma ordem que ainda não se completou, na filosofia de Espinosa. Não sei se isso faz sentido para o leitor, mas pode servir para aproximá-lo da obra de Espinosa, que oferece inúmeros caminhos para a compreensão da existência do homem e da relação entre homem e conhecimento.

Agora, posso ir a "O Búfalo". São vinte e duas vezes que o substantivo "olhos" aparece no texto. A mulher passeia pelo zoológico vendo os macacos, o elefante, o quati... até encontrar o búfalo: "ficou olhando o búfalo ao longe", "um búfalo negro". O que veem os olhos de Clarice, afinal? Oscilo entre o livre arbítrio e um certo determinismo da personagem; por que toda aquela gana? Que fauna de humanos representavam aqueles animais? E o ódio e a paciência? Como conciliá-los? Mas a jaula dentro dela mesma... Outra vez a escravidão do erro *versus* o processo de libertação compondo uma única substância. O amor. E o ódio? Hoje, Espinosa não está para explicações. E "lá estavam o búfalo e a mulher. Ela não olhou a cara, nem a boca, nem os cornos. Olhou seus olhos". E os olhos do búfalo olharam seus olhos. E dezenove vezes a palavra "búfalo". Assim como Ana do conto "Amor", melecada de ovos quebrados, lá estava a mulher "presa ao mútuo assassinato".

Um conto exaustivo! A pandemia avança, ninguém quer saber d'O búfalo. A única coisa que me faz seguir adiante nessa leitura é o alerta da terrível solidão que deve estar acometendo milhões de humanos neste dia 2 de maio de 2020, meu quadragésimo sexto dia de extra quarentena. Se, por um lado, sempre apreciei a solidão, por outro, experimentei hoje a sensação quase esquecida de que é bom estar com outros humanos, especialmente aqueles que curtem de verdade estar em grupo. Uns sabem do que precisam, outros só se dão conta do *bem* quando ele está ausente. Assim como aconteceu em razão da presença inusitada do cego, do ovo e do búfalo na vida daquelas personagens tão sozinhas. No entanto, interpretar aquele *bem*, variável e constante nos contos de Clarice, é um desafio e tanto, à altura de dias tão incertos.

A arte e a ciência propõem-se a compreender as ações humanas. E tem gente que prefere treinar tiro. "Felicidade clandestina" é um conto que me tira do sério: "ela era gorda, baixa, sardenta" *versus* "nós que éramos imperdoavelmente bonitinhas, esguias, altinhas". Nem vou citar a diferença dos cabelos da gorda em relação às bonitinhas... É de uma crueldade irrepreensível. Invariavelmente as leitoras se identificam com a narradora, vítima da gorda. Quase ninguém, antes de alguma provocação, observa que a narradora é tão sem noção como a outra, porque tampouco lê o livro, objeto de desejo, para falar o mínimo. A personagem passa um tempo se submetendo à "tortura chinesa" sem se incomodar, até que a mãe da gorda percebe que há algo de errado naquela dupla. Na sequência, impõe um castigo exemplar à filha, que equivale, em contrapartida, a um prêmio à personagem narradora, por sua absoluta constância. Aliás, o prêmio ou o castigo estão sempre presentes nos contos de *Laços de família*. No caso de "Restos de Carnaval", o prêmio recebe o nome de salvação, com base nos gestos de apreciação do "menino muito bonito". No entanto, o prêmio da narradora em "Felicidade clandestina" — o livro — se confunde com a vingança e a boa e bem-comportada contradição que explicita a ambiguidade das personagens (convivência do negativo e positivo, do Bem e do Mal, vibrante e apática, masoquista e sádica).

Contudo, a vida é difícil para todos, como dizia uma colega que, como eu, respirava fundo ao lidar com leitores que se entretinham na lengalenga de que "veja, eu também tive uma amiga cujo pai tinha uma livraria, mas a dita filha não gostava de ler e eu que era uma pobretona, como Clarice, já amava os livros...". Diante de tantos desafios e nós a desatar, entre uma batalha e outra para não nos afastarmos do conto, uns e outros se deleitavam, identificando-se sobretudo com a sensualidade implicada na contemplação do objeto livro ou da simples posse dele. Demoravam-se nas lembranças das encomendas dos títulos, da espera que eles chegassem à livraria, das idas para retirá-los e tudo isso era perfeitamente aceitável, dentro da perspectiva do prazer que a recordação motivada pelo texto trazia. Era preciso acolher e dar um tempo à ansiedade de apropriação daquela escrita voluptuosa. Lembrei-me que Elis Regina declarou em alguma entrevista que a coisa que mais fazia sentido na sua vida era cantar. Uma pulsão de vida. É assim que me sinto quando estou mediando e os leitores me mostram um ou outro efeito que o texto também produz. As percepções se desdobram, as possibilidades do texto se multiplicam, outras sendas se mostram pertinentes.

E, neste sentido, a escrita de Clarice em "Felicidade Clandestina" é uma festa para o leitor que acompanha a projeção dos desejos (afirmativo de uma e negativo da outra) daquelas personagens, a forma como elas se relacionam com a posse daquele objeto (o livro) e a mostra de singularidade da psique de cada uma quanto à persistência e à recusa. Uma escrita que já foi considerada glamorosa e que o leitor ingênuo não tem como alcançar se não vivenciar os embates em face do processamento do texto. As projeções das leitoras, por sua vez, podem sintonizar-se com as idiossincrasias da escritora, na medida em que suas narradoras expressam reflexões e conclusões tão femininas quanto podem ser as das leitoras, do que "para sempre sozinha", afirmada no conto "Obsessão" é um exemplo contumaz. Aliás, esse conto escrito em tenra idade anuncia através dessas afirmações — "eu era uma rainha delicada", ou "eu era, sim, uma rosa" — os fios que vão tecer a malha de vários textos, os quais darão lugar à compreensão da arte, em sentido amplo. Não há dúvida, portanto, que a literatura é um meio elevado de compreensão das ações humanas.

Ao fim e ao cabo, essa conversa comigo mesma só foi possível porque atendi a uma demanda pessoal de ser minha própria mediadora. Isso, tematizado no ensaio, tem a pretensão de trazer aos mediadores em formação um alerta sobre o quanto temos que nos formar e como esse processo de conhecimento através da mediação é o melhor que podemos fazer por nós mesmos. Trata-se de um conhecimento cuja potência vai muito além da mediação.

Textos-base para as citações:

LISPECTOR, Clarice. *Todos os contos Clarice Lispector*. Org. Benjamin Moser. Rio de Janeiro: Rocco, 2016.

Spinoza Antologia. Edición de Manuel Vazquez Cunha. Barcelona: Península, 1986.

SOBRE CÃES E HOMENS

Há momentos que antecedem as sessões de mediação em que o mediador gostaria simplesmente de dirigir-se aos leitores e dizer: meus queridos, tenho me esforçado para que vocês se deem conta de que temos milênios de história literária e que já passou o tempo de buscar semelhanças e culpas humanas nas personagens. Assim, hoje, quero que vocês simplesmente me sigam. Nada mais contrário ao que apregoam as teorias sobre a independência do leitor e a importância do leitor autônomo. No entanto, em tese, seria o jeito mais rápido de colocar uma pá de cal na lengalenga de "olha que cão sacana" e "que homem babaca", respeito aos dois textos em questão. Vocês vão entender por quê.

Porém, ler dá trabalho e o tempo não espera. Vamos ao trabalho que, neste caso, consistirá em colaborar para a percepção dos leitores de que as alterações implementadas no plano do tempo e do espaço, efetuadas pelos criadores modernos, para não falar dos jogos narrativos, dos procedimentos de inversão no plano da linguagem e do pensamento e de ruptura com os gêneros canônicos, são um fato e não uma chateação de professor de Teoria Literária. E para que isso se converta em uma ação significativa que vai mudar o jeito de ler dos participantes é indispensável a sua adesão, não porque eu seja autoritária, o que também sou, posto que toda ação pedagógica tem seu quê de autoridade, sem o que também não há escola, mas porque, no caso, uma das escolas que eu "frequento", a chamada Estética da Recepção, a qual também viemos considerando nos ensaios anteriores e sob a qual pautamos nossa concepção de leitura ou de processamento do texto literário é quem adverte.

Consideremos, portanto, que se até finais do século XIX ainda era possível andar de carruagem e que, a partir de 1910, o automóvel já se impunha como opção de transporte e isso repercutiu em inúmeras áreas da atividade humana, impõe-se de modo indiscutível olhar o século XX com olhos diferentes do que se olhava o XIX. Porém, já avançado o século XXI, as carruagens seguem rolando nas estradas da vida e do preparo do leitor para ler a obra moderna. E é contra esse estado de coisas que tomo a lança de Don Quixote, não para derrubar moinhos, pois esses hoje já são bastante sólidos, mas para cair frente a crenças limitantes. O que, diga-se de passagem, chega a ser pós-moderno.

De modo que, vejam vocês, o Romantismo já vai alto lá no céu, como a estrela de Mário de Andrade e como mostra toda a produção artística criada e influenciada pelas Vanguardas Europeias, o que sugere que também a leitura pede outros métodos para se chegar a uma interpretação aproximada do objeto estético, produzido sob as transgressões da ficção contemporânea. Desta forma, convido-os a tomar a leitura de dois contos — "O dono do cão do homem", de Mia Couto e "Desenredo" de Guimarães Rosa — como materialidade literária e submetê-los a um processo de atribuição de sentido, através do qual poderemos compreender as manifestações das vidas das personagens, sejam elas contemporâneas ou históricas, reais ou imaginárias, dentro de um conjunto de regras que ou foram subvertidas ou recriadas por esses autores. Há inúmeros aspectos das duas obras que podem ser analisados, no entanto, meu convite tem a ver com um aspecto caro ao Modernismo que vem se estendendo a textos contemporâneos. Trata-se da paródia, pois ambas obras dialogam com modelos arcaicos ou tradicionais, que não são difíceis de serem identificados, porém, as diferenças se dão justamente na subversão desses modelos, nos quais o caráter irônico é predominante. Ao criar um texto totalmente novo, que amplia os sentidos dos que lhe serviram de mote, o escritor coloca o leitor frente ao rompimento com as regras do gênero original e ao diálogo de um texto (matriz) como outro (a recriação), como veremos.

O escritor moderno (não modernista, porque o Modernismo já vai longe, décadas de 1920 e 1930), para colocar um ponto de inflexão na minha tese, queria ver mais além do que é possível ver, desde a cadeira de balanço, de onde muitas vezes, liam as senhorinhas do século XIX, enquanto sonhavam com os príncipes saídos dos livros que caíam de suas mãos, conforme podemos observar nos quadros da época. Embora esse fosse o cenário, os príncipes das novelas de cavalaria já tinham sucumbido no século XVII, com *Don Quijote de la Mancha* (1605) que está aí para não me deixar passar por exagerada, pois enterrou a todos de vez. E, assim como Cervantes virou as novelas de cavalaria pelo avesso, devo lembrar que Oswald de Andrade atualizou o poema "Meus oito anos", de Casimiro de Abreu, por meio de uma paródia no livro *Primeiro caderno do aluno de poesia Oswald de Andrade* (1927), cujo título também é uma provocação. Exemplos não faltam, mas precisamos de algum método para alcançarmos o sentido das obras, da forma mais coerente possível com a sua escrita.

Em última instância, realizar a interpretação, ou um exercício de hermenêutica, como já foi praticado outrora, e que volta a ter algum prestígio depois da obra de Hans-Georg Gadamer *Verdade e método* (1960), que trata do conceito de hermenêutica — um fenômeno da compreensão. Hermenêutica é, pois, o nome mais antigo de que temos notícia, na tradição greco-latina, para denominar interpretação, compreendida tanto no âmbito teológico como no jurídico. Para Dilthey (1833-1911), que retomou em termos modernos o conceito de hermenêutica, a compreensão nada mais é que uma conversa, na qual o intérprete precisa ouvir e respeitar as opiniões de outra pessoa, mais especificamente, as do autor, pois "o ser" que interessa compreender, neste caso, é o texto, que se faz matéria através da linguagem e, por extensão, da língua. Neste caso, a língua portuguesa, tão cara a ambos escritores, dos dois lados do Atlântico.

Dentro dessa concepção, o objetivo é retomar o contato com a língua carregada de tradição oral e escrita e com os pensamentos dos autores que criaram a obra, numa perspectiva de que o que importa é o que está escrito, por mais vago ou multiforme que seja para uns e para outros, uma vez que é a partir da materialidade do texto que também iremos brincar, jogar, rever, reler o texto. Desse modo, ao experienciar as principais modificações em termos estéticos, ao entender as prerrogativas da arte moderna, o leitor estaria realizando uma verdadeira interpretação, com o que, acreditamos, ele pode vir a descobrir mais do que o autor sabia e, no limite, descobrir suas motivações ocultas e inconscientes. O que pode ser mais interessante do que nossas especulações extratexto. Ou seja, no bojo da Modernidade, portanto, estando a verdade liberta de dogmas e verdades definitivas, o que resta ao leitor que me acompanha é a materialidade do texto.

E, como tanto eu como você já ouvimos histórias da Carochinha, algo da Bíblia, algo da mitologia grega, estamos em condições de reconhecer a base do texto de Guimarães Rosa. Já o texto de Mia Couto, em tudo semelhante aos procedimentos literários dos contos tradicionais, nos remete aos clichês do homem moderno que, com suas instituições desgastadas, transfere ao cão prerrogativas humanas, subvertendo os valores que costumavam dar ao gênero uma carga de ensinamento. De forma que, seja pelo conteúdo, seja pela forma, nós leitores estamos credenciados para ler os dois contos.

Vamos ao primeiro, "O dono do cão do homem" (*O fio das missangas*, 2009), cujo título, vamos admitir, é um incômodo. Afinal, o conto trata do dono do cão (um homem em particular) ou do cão do homem (um cão em particular)? Ou a parte cão de um homem ou o genérico cão que habita qualquer homem? Intrigado ou não, o leitor ingênuo, qualquer um de nós em alguma circunstância específica, passa adiante, mas vai ser capturado em seguida pelo narrador. Pois, já na primeira frase "Conto-vos como fui traído não pela minha amada, mas pelo meu cão". Ora, perguntaremos: o cão não é o melhor amigo do homem, não são os mais fiéis amigos do homem, cantados em proselitismos e exercícios filosóficos? O simples fato de colocar essa máxima em questão, de inverter essa verdade estabelecida ao longo dos tempos, constitui uma execração equivalente à de uma tela de Dalí.

Além do mais, a substituição de amada por cão, o que revela o rebaixamento da própria, causa-nos ainda mais estranhamento. A amada sempre foi o ícone da literatura (ocidental). Alguém se lembra do "amor cortês" ou da poesia renascentista?

Tem mais. De "hotel para donos de cães abandonados pelos bichos", passando por "liga de amigos e associações de proteção" aos donos de cães, o narrador vai subvertendo à exaustão os lugares-comuns que a civilização ocidental colecionou sobre a relação entre cães e homens. Um conjunto de temas desconstruídos dentro de um sistema fabular com todos os ingredientes tradicionais explicitados nas sequências narrativas, seja o processo de degradação do homem paralelo ao processo de empoderamento do cão, sejam as marcas de transformação paulatina da personagem homem indicadas como em "Foi o primeiro alerta", "Aquilo foi o transbordar", "Foi o culminar". Fórmulas conhecidas do público brasileiro, seja pela Literatura Infantil e Juvenil, pelas novelas televisivas e pelos diversos tipos de representações populares. O narrador em primeira pessoa não esconde o ressentimento do homem, que é ele mesmo, em relação ao cão e esse sentimento é ampliado, a ponto de o cão virar um símile, uma vez que incorpora, sem subterfúgios, os costumes mais comezinhos da vida humana moderna. Costumes criticados porque, de tão assentados, viraram clichês que se estenderam aos cães e, à medida que o cão vai tomando o lugar de todos os homens, não só o da amada (tema recorrente na literatura ocidental, desde o Amor Cortês), evidencia-se o ridículo das situações, desenhadas com detalhes. Você me acompanha?

Se, por um lado, essas marcas do andamento da narrativa (o primeiro alerta, o transbordar, o culminar) mostram um "já visto", uma aparente falta de criatividade até, por outro lado nos fazem compreender que esse procedimento está a serviço de uma enorme especulação sobre a vida, sobre o lugar de cada indivíduo na sociedade e o lugar de fala de cada extrato social, como mínimo, e as idiossincrasias correspondentes. A originalidade do conto nasce justamente da oposição entre um recurso linguístico/narrativo prosaico e um pensamento sofisticado. Oposição capaz de prender o leitor pelo inusitado da proposição e fazê-lo desacomodar-se. A obra de arte contemporânea, na esteira do Modernismo, corrobora em certa medida essa elevada pretensão de estimular o leitor a sair de sua zona de conforto e experimentar o absurdo dos costumes humanos, quando transferidos para a vida de um cão.

A escrita de Mia Couto tem essa característica com forte traço pedagógico, no melhor sentido do termo, que é partir do simples (aparente) para o complexo (no fundo). Mais interessante ainda é que a forma tradicional, até banal, de construção acaba viabilizando conteúdos (pensamentos, especulações filosóficas) em alto grau de profundidade. Essa ousadia de trazer o banal para a cena, com vistas a quebrar tabus, também põe pelo avesso a pretensa superioridade da sofisticação da produção literária dita ocidental, se comparada com as produções (orais) autóctones (africana, no caso) e, constitui uma das forças do texto de Mia Couto, pois ele transita com naturalidade entre os dois mundos, aproximando-os, mais do que seria possível imaginar, o que, por sua vez, não deixa de ser também transgressão, não acha?

Além disso, a naturalidade de transformar em banal o que seria dramático aproxima o leitor, sem dúvida. Ao fim e ao cabo, um texto fácil de decodificar e dificílimo de interpretar, sem ter que estar conferindo a todo momento se também nós leitores não estamos subestimando certas posturas humanas e a complexidade delas no plano prático. Desviar para o filosófico, em contraposição ao banal, também é algo fácil para os leitores mais informados, pois em situações concretas de leitura não faltarão lembranças de outros textos aos quais a leitura do conto de Mia Couto remete. Começando pela referência a Argos, o cão de Ulisses, passando pelo poema "Suave mare magris", de Machado de Assis, tocando também a comparação com a obra de Clarice Lispector, especialmente quando a narradora humaniza os bichos, até chegar em Rubem Alves e nos comentários irônicos sobre homens e cães. Vejam que essas comparações, tão estimulantes para o leitor, poderiam tirar-nos do caminho traçado, sem que possamos atendê-las, porque fora do propósito inicial. Como o nosso foco é mais o método de leitura e menos a análise do texto, deixaremos para você o trabalho mais extensivo, porque essas obras são compostas de fios intermináveis. Você prende um aqui, aparece outro ali, que se conecta com outro...

Então, à leitura do conto "Desenredo" (*Tutameia*, 1967), de Guimarães. Lê-lo na perspectiva do alto grau de elaboração dos procedimentos próprios da oralidade se impunha. Entretanto, o que em princípio deveria facilitar a compreensão, acaba se tornando um obstáculo quase intransponível. É sabido que Guimarães recria a linguagem do sertanejo e a sua criação não é exatamente fácil de compreender. Nesse tecer de procedimentos arcaicos e modernos, alguns de nós poderão ir identificando os arcaicos, sem entender muito bem sua correlação com a totalidade do texto. Pode-se embarcar na proposição aparente do narrador que simula uma conversa com seus ouvintes, nos termos evidenciados pela oralidade: "– Jó Joaquim, cliente, era quieto, respeitado, bom como o cheiro de cerveja" e descobre no fim das contas que há mais sola de sapato para gastar, antes de alcançar a catedral.

Além disso, mais adiante, ainda nesse primeiro parágrafo, você poderá reconhecer a referência ao casal bíblico Adão e Eva, depois de já haver registrado outro personagem bíblico, Jó, mais óbvio. Inevitável pensar na "paciência de Jó", pois. Um lugar comum, que não deixa de assombrar o enredo, porque, antes de tudo, você terá que se munir de muita paciência para ler esse primeiro parágrafo, para não falar do texto todo. Desde jogos de letras que acabam por formar o nome "delas" Livíria, Rivília ou Irlívia ao "secreto", claro, "coberto de sete capas", o texto é uma canseira só, pois até entender que as três são, na verdade, uma personagem apenas, que, por sua vez, também dá uma canseira em Jó Joaquim, o leitor teve que passar por poucas e boas. Ora, a obra moderna não veio para facilitar a vida do leitor. Veio sobretudo para balançar sua "pasmaceira grossa", à qual se referiu Mário de Andrade, certa vez. Isso, por um lado.

Por outro, o narrador vai marcando as mudanças de cenário de forma inusual, quer dizer, não através de mostrar-nos o espaço, propriamente dito, mas através da entrada de novos personagens e de seus humores "Porque o marido se fazia notório, na valentia com ciúme", sem contar com a advertência "e as aldeias são a alheia vigilância". Além dos marcadores temporais que vão conduzindo o leitor nesse caminho meio epopeico "Até que", "enquanto", "Da vez", "No decorrer" e meio poético "Antes bonita, olhos de viva mosca, morena mel e pão", "Aliás casada", "O inebriado engano", "O trágico não vem a conta-gotas", "(ela) já sarada e sã", "(ele) em seu franciscanato, dolorido mas já medicado".

Assim, entre as mudanças no enredo, a transformação sofrida por Jó Joaquim se contrapõe à manutenção da idiossincrasia de Vilíria, que, apesar de tantos nomes que poderiam sugerir várias personalidades, seguia com sua única característica: a leviandade, que redundava em reincidentes traições. E o protagonista "Desejava ele, Jó Joaquim, a felicidade — ideia nata." A partir dessa consciência (e Modernismo é também consciência), o personagem passa a fazer-se de louco. Olha a contradição. Não estamos lidando com um texto qualquer, vocês já estão se acostumando, não é? Esse senhor escritor é absolutamente incansável em jogar com as oposições e gerar contradições para o leitor. Loucura que se traduz em "remir, redimir a mulher". Vocês ficarão perplexos com tal contrassenso e não é para menos. Mas veremos que o motivo é nobre. À altura do Amor Cortês. Quer ver?

Tomemos a paciência (não tão passiva) de Jó Joaquim que se vale de um impensável estratagema, como o de usar "arquétipos" para "descaluniá-la", acrescente-se a isso a linguagem construída à base de neologismos ("amatemático", "antipesquisas", "acronologia", "ufanático"), e teremos uma amostra do processo que leva a personagem a reconhecer que atingiu o máximo dessas invenções com a frase mais anódina que Guimarães pode recolher: "Criava nova, transformada realidade, mais alta". E aí que está o nó da questão: ficção pura. Invenção em estado bruto, porque bruta é a personagem. Máxima criatividade significando o máximo de lugar comum, daí a grande ironia. Diante disso, pergunta com tranquilidade o narrador: "Mais certa?". Mais alta, sim, porém, mais certa?

Não importa, você poderia responder. "Pois produziu o efeito desejado". Responderia tanto o narrador quanto qualquer um de nós, que conhecemos o mínimo de linguagem da publicidade. Porém, incapazes de prever o resultado de tamanha ousadia, boquiabertos tentaremos decodificar o mais incrível dos neologismos criados no texto: "transato". Quem poderia suspeitar a consequência gerada pelo domínio total dos elementos da retórica com vistas à persuasão, uma vez que, ao final do conto "Todos já acreditavam. Jó Joaquim primeiro que todos", "Mesmo a mulher ... Soube-se nua e pura. Veio sem culpa". Conclusão: "Três vezes passa perto da gente a felicidade". Para saber no que consiste, afinal, a tal felicidade, é preciso ler esse conto magistral.

Ninguém que trabalha com texto literário pode deixar de ler esse texto. Até porque, sem ler o texto, o título se constitui de uma palavra curiosa, só isso. "Desenredo". Sem enredo? Não. Não seria possível. O que acontece é uma forma radical de desconstrução do enredo tradicional, mas ele está lá. Constrói-se novo enredo por força da determinação do narrador em brincar seriamente com as palavras, uma determinação ao modo da tradicional paciência bíblica que ganhou o nome de Jó, por ter sabido esperar o tempo de Deus. Jó Joaquim é também a Penélope moderna, cuja nova forma de paciência — paciência ativa — inventou um modo de "descaluniar" a mulher amada para trazê-la sã e sarada ou nua e pura ao seio da sociedade que estava vigilante. Embora Ulisses tenha sido citado no texto, a personagem Jó Joaquim é a Penépole, ainda que às avessas, porque não ficou à espera passiva de seu Ulisses. Jó Joaquim, ao contrário de Penélope, criou condições para ficar com sua amada (ela sim estava mais para Ulisses, pela sua independência e autonomia). De todo modo, o "se fazer de louco" também aproxima a personagem Jó Joaquim de Ulisses, que se valeu todo o tempo de estratagemas como expressão de sua sabedoria. Essas semelhanças não constituem um simples paralelo entre as personagens. Elas são a razão mesma do texto, sua base linguística e de conteúdo. Neste ponto, estaríamos em perfeita sintonia com Guimarães Rosa? Se sim, até chegar a essa sintonia tivemos, com certeza, que encarar o processamento do texto, com certo prazer, diga-se de passagem, e muito senso de curiosidade e fome de saber. Se não, não se preocupe, você não está sozinho. Porém é hora de voltar algumas casas nesse quebra-cabeças, porque deve ter perdido alguns lances e, é preciso identificá-los para seguir com a leitura.

Assim, cotejando os dois contos, você poderá depreender as questões relativas aos binômios fidelidade/traição, tradição/ruptura, forma/conteúdo e o leitor paciencioso poderá explorá-las à vontade, porque sobram, justamente, os procedimentos de desconstrução/construção. Pois cada conto a seu modo deixa ver que há uma base tradicional na narrativa, que qualquer um reconhece facilmente e, sobre ela, cada conto joga com seus recursos, com o estilo do escritor e com as aberturas de seu tempo para parodiar, transgredir, ironizar. É, nesse sentido, profícuo ler em conjunto os dois textos, entre outras coisas, para conhecer os diferentes resultados, alcançados por dois escritores de momentos e espaços distintos, mas que comungam da mesma língua e das tradições escritas, além de e, principalmente, valerem-se da oralidade como suporte para a paródia. Outro ponto de contato entre essas duas obras, você deve ter percebido, é o importante papel concedido ao leitor, sem o qual a desconstrução seria inócua. Isto merece um capítulo à parte. De momento, ambas obras nos dão a possibilidade de lidar com a noção de forma e conteúdo, numa perspectiva de ruptura com as formas tradicionais, ao mesmo tempo que essas são homenageadas pela transparência na teia narrativa de alguns eventos e de algumas personagens da História Literária (Ocidental). Isto tem tudo a ver com estar fincado em uma cultura e dela saber extrair o máximo de conteúdo, recriando a linguagem e ampliando as possibilidades de compreensão desses mundos, em particular, e de expansão para o mundo, em geral.

E, ainda que o termo "ocidental" provoque hoje discussões, as bases em que se inscrevem essas obras não têm outro nome, pois tudo que se disser sobre contos tradicionais, seja de tradição oral ou escrita, estará vinculado ao imenso e milenar acervo do que se convencionou chamar mundo ocidental. Haja vista o caso de Mia Couto que é africano, de Moçambique, mas que, para todos os efeitos, escreve em língua portuguesa dentro da matriz ocidental de cultura, salvo engano. Ambos contos estão fincados nessa tradição, da qual você tanto pode destacar a forma, recriada por Mia e Rosa, quanto o conteúdo (caso de Jó, personagem bíblico utilizado por Rosa e o caso do cão, figura domesticada que de tão próxima do homem acaba por substituí-lo) e só por isso, a paródia pode ser construída e lida por nós. Outras leituras sempre serão possíveis, porém este viés de interpretação permite demonstrar o quanto a literatura também é jogo, brinquedo, muito especializado e, por sinal, complexo, e como toda ação humana mais elaborada exige método para ser conhecida e apreciada. Se você me acompanhou até aqui deve ter entendido que o método constou de perseguir os recursos paródicos que, ao mesmo tempo, davam base para reconhecer o texto "original" (sempre uma aproximação), como os recursos criados para superá-lo.

De todas as maneiras, sou grata por me permitir esse discurso do método, como aquele gesto da mãe com a criança birrenta: toque, acolhimento, olho no olho e já chega. É hora de ir para a cama. Espero que vocês em lugar de ir para a cama (já são grandinhos) tomem esses autores ou todos os autores da sua predileção (ou não), com alegria e método. Uma coisa lhes garanto; jamais lerão literatura da mesma maneira. De minha parte é menos pretensão e mais desejo.

Textos-base para as citações:

COUTO, Mia. O dono do cão do homem. *O fio das missangas*, São Paulo: Cia. das Letras, 2009

ROSA, Guimarães. Desenredo. *Tutameia*, Ficção Completa, Vol II. Rio de Janeiro: Nova Aguilar, 1994

SOBRE ESTÉTICA DA RECEPÇÃO: POR QUE NÃO?

O momento é propício para solidariedade e acolhimento, e as sessões de leitura espalhadas pela internet estão colaborando para uma certa sensação de pertencimento e de socialização de saberes, o que não é pouco, dadas as circunstâncias de saúde física e mental que estamos enfrentando. Todavia, meu reconhecimento das penúrias educacionais nas quais estamos metidos há anos e da ignorância extensiva de cada dia me estimula a insistir em ações mais especializadas, por isso me dirijo aos mediadores de leitura, porque acho que eles são os operadores ideais do avanço necessário na área da leitura do texto literário. Nesse sentido, é preciso ressaltar que há uma história do ensino de literatura que, uma vez congelada, consciente ou inconscientemente, está por trás das ações de mediação que, por sua vez, vêm privilegiando ainda a vida do escritor em detrimento dos demais participantes da relação obra-leitor.

Se, como já é sabido, a leitura do texto literário se inscreve no circuito autor-obra-público ou escritor-texto-leitor, mais precisamente, é também preciso reconhecer que o predomínio do escritor tanto do ponto de vista da História Literária quanto das práticas de leitura em situação escolar ou de lazer teve sua razão de ser, pois o Romantismo concedeu-lhe a categoria de gênio e garantiu-lhe o exercício da subjetividade em forma de estilo. Foram tempos favoráveis ao escritor. Porém, os avanços da Linguística e suas correlatas, a Semiologia, a Semiótica em sintonia com o Estruturalismo e o Formalismo, passaram a privilegiar o texto e, em muitas investigações, com total exclusão do seu contexto de produção. Os tempos, desta vez, eram favoráveis à obra. Contudo, o escopo da subjetividade foi se estendendo do autor para o leitor. Para tanto, várias teorias, entre elas, a Estética da Recepção, contribuíam para essa ascensão, só que em uma perspectiva diferente da postulada por seus idealizadores. A reificação do leitor acabou por impor-se, devido à "liquidez" da pedagogia praticada no Brasil.

É importante destacar que essa teoria surgida na esteira da Psicologia e da Sociologia contribuiu muito para o avanço dos estudos com base nos textos literários, enquanto formas a serem compreendidas, independentemente dos traumas, enfermidades, morbidez ou saúde dos escritores. Passada essa onda, restava atentar para o leitor, para cuja presença pouco cogitada a não ser pelos estudos de ficção ou pela hermenêutica, ciência que ficou em desuso por longo tempo até ser resgatada por nada menos do que aqueles que criariam a Estética da Recepção. E se, por um lado, as Vanguardas repercutiram de forma irrevogável na produção artística do século XX, em especial depois das duas grandes guerras, por outro, as Ciências Sociais (conceito de interação) e a

Psicanálise (o papel do indivíduo) se desenvolveram a ponto de fornecer subsídios, que colaboraram para o surgimento da Estética da Recepção.

Sob esse selo, reuniram-se textos coesos, na medida em que todos se ocupavam do receptor, mas nem tão coerentes, pois o campo era vastíssimo e o interesse dos estudiosos variado. Dentre esses destacamos os mais diretamente relacionados com o trabalho de mediação que realizamos, como Hans Robert Jauss, dedicado a uma nova História da Literatura, Wolfgang Iser, voltado ao efeito do texto sobre o leitor e Karlheinz Stierle, centrado no leitor ficcional, aquele configurado no texto e, portanto, marca da ficcionalidade. Sob o título Estética da Recepção, portanto, reuniu-se uma série de textos que conformaram uma teoria que veio sacudir a historiografia literária e a teoria da literatura, na medida em que reivindicava o ingresso da história na metodologia da análise do texto literário, ao mesmo tempo que condenava a exclusividade do estudo do texto. Essa teoria se contrapunha sobretudo ao não papel do leitor na experiência literária, pois, ao contrário do que se fazia (predominância da vida do escritor, predominância da obra), Hans Robert Jauss, Wolfgang Iser e Karlheinz Stierle, principalmente, contribuíram para a ascensão do leitor nos âmbitos internos e externos à obra. "A leitura demanda do leitor" era o lema.

Os diversos pesquisadores dessa escola, que reuniram suas pesquisas sob o nome Estética da Recepção, nem sempre coincidiam; no entanto, cada um tomou para si aspectos dessa teoria que consideravam mais rentáveis, do ponto de vista antropológico (Iser), histórico (Jauss) ou hermenêutico (Stierle). Esses textos chegaram ao Brasil a partir da tradução de Luiz Costa Lima, que reuniu os principais em *A literatura e o leitor*, publicado em 1979, pela Paz e Terra. Reitero a questão do tempo de produção dos textos, na Alemanha dos anos 1950 (depois do fim da 2ª Guerra Mundial), e de penetração nos meios acadêmicos brasileiros a partir da edição de 1970, com o objetivo de destacar a presença do leitor, com respeito a sua função leitoral, propriamente dita, e como categoria ficcional, completando assim a atenção aos três elementos da tríade (escritor-obra-leitor).

Os conceitos formalizados pelos pesquisadores da Escola de Konstanz basearam-se na Fenomenologia de Husserl, uma vez que esta concede ao receptor papel central na determinação de sentido aos objetos do mundo, o que permitiu trazer de volta a ideia de que a mente humana é o centro e origem de todo significado. Porém, foi a teoria de Martin Heidegger, discípulo de Husserl, que influiu consideravelmente para a Estética da Recepção, ao colocar em relevância a historicidade do pensamento. Este detalhe instou Hans-Georg Gadamer, por sua vez, a colocar em discussão se a obra literária vem ao mundo como um conjunto de sentido acabado ou se o sentido dependerá da situação histórica do receptor/leitor/intérprete.

Há, portanto, pelo menos três razões para a escolha dessa metodologia da análise do texto literário: Primeiro, porque é preciso estar atento e forte. Atento significa estar amparado em alguma teoria, da qual se bebeu o néctar, para não andar à toa na vida, falando do que não se sabe. Forte, por sua vez, significa que, mesmo amparado, é preciso manter alguma constância em relação ao que foi realmente formador, àquilo que constitui alicerces, ainda que tudo esteja tão líquido nesse nosso mundo. Mudam-se as paisagens, mas não muda a geologia. Pelo menos não por alguns milênios. Segundo, porque já de algum tempo se considera a tríade escritor-obra-leitor o alicerce sobre o qual se assentaram e se assentam os tijolos dos estudos literários e, por extensão, das pedagogias aplicadas à leitura do texto literário. Terceiro, porque as ciências sociais caminharam do conceito-chave de comunicação para o de interação, o que tornou possível aprofundar a relação texto/leitor, descrita nos ensaios, e que é fundamental para a mediação.

Por fim, essa teoria veio privilegiar a leitura como um fenômeno propiciado pela relação texto-leitor, para a qual relação estivemos atentos, tanto nas situações de mediação quanto na produção dos ensaios que explicitam um modo de ler. Essa (nova) perspectiva tratava de compensar o excesso de atenção concedida ao escritor, a sua biografia, seus traumas e suas enfermidades, por longos e demorados anos. Empenhou-se também em combater a noção de obra enquanto representação e enquanto estética apenas. Ambas restritivas. E procurou demonstrar, na contramão dessas (antigas) perspectivas de teoria e método, que a Estética da Recepção, ao aproximar-se das teorias da comunicação que tiveram amplo desenvolvimento na segunda metade do século XX, resgatou o nexo entre literatura e leitor, pois o escritor, ao escrever uma obra, tem em mente o leitor, o que configura um processo comunicativo que faz dele seu destinatário. Considerou, ainda, que a contingência sempre vai afetar a leitura e que o processamento do texto é a estratégia que permite diminuir o peso da vida do escritor, levando a obra ao encontro do leitor, justamente aquele que pode concretizar os potenciais sentidos do texto.

Isto pode parecer óbvio, hoje, porque o conceito de comunicação já é nosso velho conhecido, mas avanços na prática de leitura ainda são demandados, porque o significado de comunicação está sempre mudando. Na perspectiva fenomenológica, é imprescindível que a atenção se volte para o texto e essa é a função que o mediador pode trazer para si, com inúmeros benefícios para as situações de leitura que acontecem nos dias de hoje. Pois é certo que, passados anos de importação desses conhecimentos e décadas de algum uso de seus fundamentos, a potencialidade da teoria ainda não alcançou devidamente aqueles que poderiam se beneficiar dela: mediadores e leitores. O enfoque fenomenológico dessa teoria, portanto, é o que torna inesgotável essa senda. Por isso, não temos dúvida de que os registros de leitura comentados e refletidos nos ensaios podem servir de estímulo para o mediador realizar um trabalho mais criativo e prazeroso para ambos envolvidos.

Por essa e outras questões, o mediador não deve perder de vista o fato de que a obra de arte literária é um objeto de comunicação, enquanto o leitor é um ser com o propósito de fruir e conhecer esse objeto. O texto literário possui uma materialidade que o distingue de outros objetos, o que exige um tipo particular de interação por parte do leitor. Nesse sentido, a *Estética da Recepção* é acima de tudo um caminho privilegiado, exatamente porque tem em alta conta a materialidade do texto que é conformada pelas condicionantes do escritor (sua subjetividade ou estilo) e do leitor (aquele com quem o escritor dialoga explícita ou subentendidamente). Essa noção de materialidade é, justamente, a fiadora da relação texto-leitor que, por sinal, recupera a comunicação entre humanos através de um ato em duplo sentido: o da produção e o da recepção, sem o que a leitura não se efetiva. Essa concepção vem tornar o trabalho do mediador de leitura mais premente, porque ela imporá um estado de ser do contato com o texto diferente daquele em que apenas as impressões de leitura valem por todo processo de atribuição de sentido, no qual as projeções têm fim em si mesmas. Ressalto que as primeiras impressões são sempre fundamentais, porém quando repetidas à exaustão se transformam em subterfúgio para não entrar de fato no texto. Escritor e leitor conversam através do texto e não sobre suas biografias. Essa conversa pode existir sim, mas *a posteriori*.

Os conceitos de comunicação e de interação são, assim, o abre-alas da Estética da Recepção. A partir deles os demais vão se impondo com mais objetividade, ainda que sejam sempre um pouco opacos para nós, dado o grau de pertencimento à Fenomenologia que, diga-se de passagem, não é nossa nem velha, nem nova conhecida. Nesse sentido, a assimetria entre texto e leitor vem somar-se ao quadro de conceitos valiosos para o processamento do texto, uma vez que está implicado na própria relação texto-leitor. Texto e leitor vêm de mundos distintos, de tempos distintos, um tem o que mostrar, o outro tem que aceder ao que é mostrado. As condicionantes de cada um são diferentes, para dizer o mínimo. Se assim não fosse, a leitura não consistiria em um desafio, nem demandaria mediadores. É, portanto, imprescindível ao mediador partir desse pressuposto, sob pena de comprometer o processamento do texto, o qual dará concretude à leitura, conforme pudemos acompanhar no ensaio "Mediações em tempo de cólera"; ali a assimetria inicial entre texto e leitor quase inviabilizava a leitura do conto "Negrinha", de Monteiro Lobato, ou no "Ensaio sem nota de rodapé", no qual as projeções do mediador tiveram que ser negociadas com os vazios dos leitores. Ao fim e ao cabo, levar em conta a contingência era determinante para a consecução dessas duas situações de leitura. Isto nos reporta à situação na qual o momento de criação é de alguma forma atualizado no ato de leitura. Juntam-se, na situação de leitura, portanto, dois momentos em nada coincidentes, mas que são capazes de conectar-se pela interação texto-leitor. A contingência está presente em toda interação humana e, por isso, deve estar sempre no radar do mediador.

Nosso intuito não é definir cada conceito, porque a implicação de um conceito no outro, como viemos observando, torna necessário parafrasear os textos canônicos da Estética da Recepção, o que está fora de questão. Para nossa causa basta com que possamos demonstrar a operacionalidade de alguns deles face aos processos de compreensão já explicados. É o caso do conceito de imprevisibilidade, que compõe parte do sentido do que entendemos por assimetria e que, em certa medida, a reforça, pois nunca sabemos de antemão como o leitor vai reagir a determinado texto, dadas sua história de vida e experiência de leitura. Ler um texto literário levando em conta esses três conceitos (assimetria, contingência e imprevisibilidade) põe em cena a reciprocidade indispensável em face da experiência estética, o que potencializa, em última instância, a leitura. Nada disso impede o entusiasmo pela obra e o respeito à sensibilidade do leitor, o que, aliás, tem tudo a ver com a receptividade artística, prestigiadíssima pela Estética da Recepção, como pudemos refletir no ensaio "Conversas do mediador consigo mesmo".

Nessa perspectiva, a experiência estética não se inicia pela compreensão e interpretação do significado de uma obra, menos ainda pela reconstrução da intenção de seu autor; ela se dá primeiramente na compreensão fruidora e na fruição compreensiva. Reciprocidade, portanto, é a palavra que pode explicar a interação, na medida que esta envolve constante "negociação" do leitor com o texto. A interação vai aos poucos concretizando as contingências, abstratas em princípio, mas que vão tomando um lugar importante no processamento do texto, porque são as experiências de leitura e de leitura de mundo do leitor que vão atuando, ao ponto de interferirem diretamente na atribuição de sentido ao texto por parte de cada leitor. No entanto, se o leitor achar de antemão que já tem uma resposta pronta para a obra (o que equivale a não ouvir as prerrogativas do texto), sem passar pelo processamento, a interação não se realiza e a contingência não produz o resultado desejado. Ela permanece em seu estado potencial, apenas. E isto só confirma a assimetria entre texto e leitor. Reconhecê-la, portanto, é imprescindível para fazer da contingência uma alavanca para a interação. Texto e leitor são categorias que, apesar de diferentes, podem afetar-se mutuamente, se o leitor (é ele que detém a possibilidade de ação) se dispuser a enfrentá-lo (o texto é o objeto a ser compreendido), embora cada um carregue as suas contingências correspondentes: o leitor, as de recepção; a obra, as de produção.

A proposta de mediação defendida nos ensaios busca justamente colocar o objeto estético a ser percebido pelos sujeitos em uma condição *sine qua non* de ser compreendido a partir do processamento do texto pelo leitor, pois é através do processamento que o efeito "concreto" pode ser apreendido, o qual não é uno, nem no tempo e nem no espaço. O efeito sobre o leitor dependerá, portanto, de um conjunto de condições inscritas em cada situação de leitura. A influência recíproca entre texto e leitor constitui, enfim, a leitura, entendida como um fenômeno, como um acontecimento dinâmico que pode gerar leituras mais criativas e até autorais, o que pode afetar também a gênese da obra. Isso tem tudo a ver com prazer cognitivo, em última instância, com a alegria de que fala Espinosa.

Parece complexo e é, em alguma medida. Porém, foi feita a escolha por uma noção de leitura que sustentada na relação texto/leitor, numa visada dialógica, na qual a leitura demanda do leitor, porém sem restringir-se à sua subjetividade. O texto se materializa nas projeções e domínios do leitor, mas o leitor só realiza de modo competente a leitura se ouvir o que o texto tem a dizer, sem sobrepor suas idiossincrasias a ele. Para essa perspectiva, a busca do equilíbrio entre as forças (texto-leitor) é a chave de uma boa leitura.

A instância histórica é outro conceito que não poderia ficar fora do quadro de conceitos, que entendemos produtivos para as situações de leitura apresentadas, pois ela colabora no enfrentamento com o texto literário numa perspectiva mais dialética. Essa concepção, defendida principalmente por Jauss, deve ser entendida em um sentido amplo e não histórico-contextual. Ela está na base dos comentários sobre algumas situações de leitura escolhidas para esse livro, as que apoiam ensaios tão díspares como podem ser o "Do *best-seller* da hora aos clássicos de sempre" e "Provocações relevantes ou pode pular". Ou seja, é imprescindível partir da contingência que permitiu o processamento da leitura de textos específicos por parte de leitores específicos em interação, com o fim de descrever as etapas de compreensão dos textos, bem como as questões que distinguiram cada situação.

Reconhecemos, nesse sentido, que uma combinação de forças atua no momento da leitura e essas devem ser processadas para que a assimetria entre texto e leitor possa ser superada, em alguma medida, e que os mediadores interessados nessa abordagem possam criar estratégias para impedir a manutenção do "isto se parece com ...", "vivi algo assim", "conheço alguém que passou por isso" e coisas do gênero, que não são más, por si mesmas, mas precisam avançar.

A regra é não minimizar as condições postas pelo texto, com o risco de se escrever sobre ele um outro texto. Essas condições servem como instâncias de controle para que os vazios e as negações decorrentes da assimetria entre texto e leitor possam controlar o processo de interação e impedir que as projeções do leitor se superponham ao texto ou que os vazios se perpetuem. O equilíbrio pressuposto entre obra e leitor só será alcançado na medida em que os vazios forem sendo preenchidos pelo leitor, com o controle das condições dadas pela obra, situação em que ambos vão ao encontro um do outro. O leitor produz sentido e o texto se faz sentido, caso contrário, a interação fracassa. Esse é um ponto crucial para o mediador, pois sabemos que, na nossa cultura, o leitor ingênuo ainda é rei. No Brasil, somos ainda poucos e pouco iniciados, pouco experimentados na leitura de texto literário, o que mostra certa prepotência e certa ignorância em supor que o texto pode ser o que quisermos que ele seja. Como temos dificuldade em fazer perguntas, ou perguntamos menos do que deveríamos, preferindo mais exprimir uma opinião vaga sobre tudo, acabamos por não dar atenção ao fato de que o texto literário nos estimula a descobrir quais as perguntas que o autor quis responder ou propiciou que nós respondêssemos, ao ler sua obra. Isto está na base da leitura comentada no ensaio "Sobre cães e homens".

A interação entre texto e leitor se funda no texto, é sempre bom lembrar, ainda que seja o leitor aquele que concretiza as potencialidades das páginas escritas. É essa interação, desencadeada pelo texto, portanto, que põe em relevo a imaginação do leitor e ela que dá vida ao livro/à história/à narrativa, ao reagir aos estímulos recebidos. Há quem diga que a obra literária seria a formulação de uma realidade virtual, afirmação que ressuscita a questão da verossimilhança, imprescindível para aceitar que a literatura se apresente à maneira de "um mundo como se", cujo faz-de-conta não é suscetível de invalidação quando demonstradas razões para isso. Na ficção, a obra é constituída tanto pelo fictício (dado pelo autor e pela obra) como pelo imaginário (conferido pelo leitor). Compreender, pois, esse ponto é fundamental para caminharmos em direção à ficcionalidade (Stierle), conceito dos mais profícuos, porque instaura a interação no plano do fenômeno e proporciona concretude à leitura ficcional.

O que verificamos como avanço no nível de compreensão leitora, nessa perspectiva, é que, à medida que o leitor vai sendo estimulado a ter consciência da especificidade do texto literário, aumenta também a consciência em relação ao seu papel de leitor. Nesse sentido, não se pode ignorar a importância da convenção, já destacada por Roland Barthes (1999). Ter consciência de estar diante da especificidade do texto literário, em última análise, impõe que o leitor acesse todos os outros sistemas de conhecimento que a História, a Ciência e a Filosofia aportaram. Não se pode ter consciência sem um mínimo de historicismo e de conhecimento das convenções literárias que impediriam, por exemplo, a identificação do leitor com a personagem ou com o mundo ficcional. Estar de posse das convenções ajuda a entender, entre tantas coisas, que não há ruptura sem tradição, como nos fez saber o Modernismo, ou que também não há transformação sem um olhar para as convenções.

A Bossa Nova e João Gilberto constituem um parâmetro para compreender essa relação. Pois foi revisitando Caymmi e outros tantos compositores da velha MPB que se tornou possível fazer uma releitura e criar uma expressão nova e original. Sem Noel Rosa não haveria Bossa Nova. Na literatura, os exemplos poderiam ser Mário de Andrade e Guimarães Rosa, pois foram as ousadias formais de *Macunaíma* que tornaram possível o *Grande Sertão: Veredas*. E ambos são tributários dos gêneros do passado, tanto da tradição popular como da erudita. Simples assim. Os textos não nascem na hora da leitura. Eles já existem. A leitura os atualiza, por isso, quanto mais informado o leitor, mais alcance ele terá ao atribuir sentido a um texto. Assim, ainda que seja necessário acolher as projeções dos leitores, não se pode reduzir a leitura a elas tão somente. É indispensável acessar as convenções da literatura para que o equilíbrio entre texto-leitor seja buscado, pois, do contrário, estaremos repetindo o vício oposto ao que consistia em impor ao leitor a leitura dos especialistas. Nem as projeções do leitor puras e simples, nem a leitura imposta, artificial e autoritária. A metodologia em questão permite que se caminhe na direção do encontro dos envolvidos: texto e leitor.

Também é muito apropriada para a mediação a noção de "cooperação interpretativa", que aproveitamos de Umberto Eco (1972, 1979), na qual os leitores completam os vazios dos enunciados e os limites da interpretação coincidem com os direitos do texto, que não são necessariamente os do autor, para também balizar nossa convicção de que é preciso ultrapassar o interesse pela vida do autor e as comparações da obra com a vida do leitor. A mediação de leitura pode, assim, cumprir um papel relevante ao destacar as instruções interpretativas, explícitas ou não, no texto literário. A mediação se converteria em exemplo de ação orientadora e reflexiva e não num lugar de deleite, apenas, em que o bem-estar do leitor é a própria finalidade da leitura e o texto, desculpa para falar de si. O que tem sua razão de ser, evidentemente, sobretudo agora, uma vez que a pandemia acentuou o caráter terapêutico que a literatura também possui. Mas isso será superado e os mediadores precisarão estar preparados para níveis mais sofisticados de leitura, que esses mesmos leitores acabarão por desejar. Os horizontes de expectativas não são estáticos.

Resumindo, texto e leitor são categorias. Texto pertence à categoria obra (produto) enquanto leitor pertence à categoria pessoa (ser que pensa e imagina). O que liga os dois é a interação que, como já vimos, supõe a circunstância ou a contingência. E isso é de vital importância para o trabalho do mediador. Como podemos observar, um longo caminho teórico-crítico foi percorrido por vários estudiosos para que pudéssemos ter os três elementos da tríade contemplados pelos estudos literários.

Por essas e outras questões é que reputamos necessária uma teoria para orientar as ações do mediador de leitura, a saber: é preciso sair da zona de conforto e desconfiar da linearidade em termos de sentido; observar as estratégias de construção do texto, identificar a estrutura, rever expectativas, preencher vazios, comprovar ou desconstruir hipóteses, questionar as ideias fossilizadas.

Essa combinação de saberes pretende, portanto, colaborar para que o mediador tenha a medida da beleza e do paradoxo da literatura, uma vez que as obras podem revelar situações e processos humanos muito além de seu tempo, como podem sequer fazer jus ao tempo no qual foram concebidas. Podem aludir a algo que continua verdadeiro ou desafiador para inúmeras gerações ou podem estar restritas ao meio e circunstâncias da sua produção e, mesmo assim, algumas não deixam de ter seu encanto. Enfim, um número incalculável de ações compõe o processamento da leitura e, deste modo, é preciso buscar as dimensões básicas de compreensão do texto, quer seja observando a atividade mental concreta do sujeito leitor em direção ao sistema linguístico e ao contexto informado pela obra, quer seja investigando outras instâncias da obra que nos levem a colaborar para o passo adiante, ou seja, a leitura como parte do fenômeno literário.

Texto-base para as citações

JAUSS, H. R.; ISER, W., e outros. *A literatura e o leitor*. Textos de Estética da Recepção. Seleção, coordenação e tradução Luiz Costa Lima. 2ª. ed. Revisada e ampliada. Rio de Janeiro: Paz e Terra. 2002.

Esta obra foi composta em Bookmania 12,3 pt e impressa em
papel Polen Natural 80 g/m² pela gráfica Meta.